Bernhard Schmidt

Der Vokalismus der Siegländer Mundart

Ein Beitrag zur frankischen Dialektforschung

Bernhard Schmidt

Der Vokalismus der Siegländer Mundart
Ein Beitrag zur frankischen Dialektforschung

ISBN/EAN: 9783743315716

Hergestellt in Europa, USA, Kanada, Australien, Japan

Cover: Foto ©Thomas Meinert / pixelio.de

Manufactured and distributed by brebook publishing software
(www.brebook.com)

Bernhard Schmidt

Der Vokalismus der Siegländer Mundart

DER VOCALISMUS

DER

SIEGERLÄNDER MUNDART.

EIN BEITRAG

ZUR FRÄNKISCHEN DIALEKTFORSCHUNG

VON

BERNH. SCHMIDT,

DR. PHIL.

HALLE A. S.

MAX NIEMEYER.

1894.

Im äussersten Süden der heutigen preussischen Provinz Westfalen, in dem Gebiet der obern Sieg und ihrer Zuflüsse, liegt, ein fränkisches Glied an dem Körper des sonst ganz dem sächsischen Stamme zugehörenden Landes der roten Erde, das Siegerland, ein Ländchen, welches in gar mancher Beziehung unsere besondre Aufmerksamkeit zu erregen geeignet ist. Schon durch seine Lage scheint es wie geschaffen, um als Schauplatz einer ganz eigenartigen Entwicklung von Geschichte, Sitten und Sprache wie von Handel und Industrie zu dienen. Rings von hohen Bergen eingeschlossen, waren die Bewohner dieses Gebirgskessels, vom Rhein aus vorgeschobene ripuarische Franken, von Anfang an auf sich selber und ihre Täler angewiesen, und nur im Südwesten, da, wo die Sieg sich durch das Gebirge einen Weg gebahnt hatte, stand diesen Ripuariern, die von nun an als Siegerländer die Grenzwacht hielten gegen die Westfalen im Norden und die Chatten im Osten, noch das schmale Tor offen, durch welches sie den Weg in die neue Heimat gefunden hatten. So waren sie zwar noch nicht ganz von ihren Stammesgenossen am Rhein getrennt, aber die Verkehrsstrasse, das Tal der Sieg, war doch zu eng, als dass sich hier ein lebhafterer Verkehr und damit ein innigeres Gefühl der Zusammengehörigkeit mit den alten Stammesbrüdern hätte aufrecht erhalten lassen. Es darf uns daher keineswegs wundern, wenn wir das Siegerland schon sehr früh in kirchlichen und später auch in politischen Beziehungen zu dem im Süden angrenzenden Nassau sehn, dessen Bevölkerung ja auch der siegenschen stammverwandt war. (vgl. Philippi: „Siegener Urkundenbuch" Siegen 1887. pg. ix ff.) Diese Beziehungen zu Nassau haben sich denn auch durch das ganze Mittelalter fortgesetzt: unter den mannigfachsten Schicksalen und Zwischenfällen blieb das Siegerland in Verbindung mit den Grafen, spätern Fürsten von Nassau bis zum Jahre 1815, wo es an die Krone Preussen kam. (vgl. H. Achenbach: „Der Kreis Siegen" Siegen 1865. pg. 6 ff.; Cuno: „Geschichte der Stadt Siegen" Dillenburg 1872. pg. 1 ff.) Trotzdem bewahrte aber das Siegerland seine volle Selbständigkeit und ist nie mit den nassauischen Ländern vollständig vereinigt worden. Wie hätte man auch eine solche Vereinigung im Siegerland wünschen sollen! War doch der Reichtum des siegener Ländchens so gross, dass jeder Austausch der Erzeugnisse mit einem andern Lande, und wäre es auch das wohlhabende Nassau gewesen, dem Siegerland unbedingt zum Nachteil gereichen musste. Und schon sehr früh hatte man begonnen die Schätze des Landes auszubeuten. Schon Galfrid von Monmouth spricht in seiner „vita Merlini", welche Harry Word in „The British Museum" I London 1883. pg. 278—288 in die Mitte des 12. Jahrhunderts setzt, von „pocula que sculpsit Wilandus de urbe Sigeni." (vgl. Achenbach pg. 43; Philippi pg. xxviii.) Dentet dies schon auf eine frühe Lokalisirung der Wielandsage im Siegerland, so wird dieselbe noch bestätigt dadurch, dass im Südosten des Landes und gerade in der Nähe des ältesten bekannten, schon 1298 urkundlich (Philippi No. 73) erwähnten Bergwerks am Gebirge Katzenscheid (montes Katzenscheit), jetzt Landeskrone, ein Dorf sich findet, das den Namen Wielands führt. Es ist das heutige Wilnsdorf, das als Sitz eines alten Adelsgeschlechts häufig in den Urkunden erscheint. So Phil. 25: Wielandestorf; 16: Wilandisdorf u. s. f. (vgl. Manger: „Die Siegenschen Orte Wilnsdorf, Wilgersdorf und Rödgen in alter Zeit." Siegen 1865. pg. 11 ff.) Auch andere Ortsnamen wie Eisern, Eiserfeld, die ebenfalls schon in den Urkunden des 13. und 14. Jahrhunderts (Phil. 35; 41; 42; 131; 149; 207) vorkommen, bezeugen das hohe Alter des siegerländer Bergbaus, wie auch alte siegener Münzen, welche Philippi ins 12. Jahrhundert setzt (pg. xxi), als Zeugen von der frühen Ausbeutung der mineralischen Schätze des Landes zu gelten haben. Die Gewinnung der im Schosse der Erde verborgenen Mineralien, besonders des Eisens, ist denn auch heute noch die ergiebigste Quelle des Wohlstands des siegener Ländchens und die Gewerbtätigkeit, welche dem Lande einen Weltruf verschafft hat.

Aber nicht nur die unterirdischen Schätze des Siegerlands, auch das, was die Oberfläche bot, führte zur Entwicklung einer mächtigen Gewerbtätigkeit. Die siegerländer Berge, zu steil und zu felsig, um vom Ackerbauer mit Erfolg bewirtschaftet zu werden, doch auch wenig geeignet, einen ergiebigen Hochwald zu liefern, wurden der Boden, auf welchem sich die Haubergswirtschaft als eine besondre Eigentümlichkeit des Siegerlands entwickelte. (vgl. Achenbach: „Die Haubergsgenossenschaften des Siegerlands" 1863.) Auf der Grundlage dieser Haubergswirtschaft aber entfaltete sich die siegener Lederindustrie, die bald einen solchen Aufschwung nahm, dass auch sie würdig neben der Eisenindustrie auf dem Weltmarkt keine Konkurrenz zu scheuen braucht.

Wir sehn also, wie sich im Siegerland, begünstigt durch die abgeschlossene Lage, eine ganz eigen geartete Entwicklung der politischen wie der wirtschaftlichen Verhältnisse vollzieht. Es resultirt aus dieser Abgeschlossenheit beim Siegerländer ein ungemein entwickeltes Heimatgefühl und ein starkes Empfinden der Zusammengehörigkeit, welches weder durch die 1623 erfolgte Teilung des Landes unter die drei Söhne des Grafen Johann des Mittlern noch durch die darauf folgenden Religionsfehden erschüttert werden konnte. Es zeigte sich im schönsten Glanz in jener Deputation, welche im Jahre 1816 bei König Friedrich Wilhelm III. vorstellig wurde, um unter Hinweis auf die historisch begründete Einheit des Siegerlands die soeben vollzogene Teilung unter Preussen und Nassau rückgängig zu machen, und in der That die Vereinigung des ganzen Landes unter Preussens Hoheit erreichte. (vgl. Achenbach: „Der Kreis Siegen" pg. 11, 29 ff.) Und noch heute ist dies Gefühl der Zusammengehörigkeit rege, noch heute ist die Stadt Siegen für den Landbewohner „die Stadt" κατ' ἐξοχήν und heisst sie „das Krönchen" des Landes. Noch heute gedenkt der Siegener mit Genugtuung der Glanzzeit des Fürstentums Siegen unter den nassauisch-oranischen Fürsten, und noch heute nennt er mit Stolz den Namen jenes grossen Oraniers, des Fürsten Moritz († 1679), der zum siegener Nationalhelden geworden ist. (vgl. Driessen: „Leben des Fürsten Johann Moritz von Nassau-Siegen" Berlin 1849.) Daher denn auch ein zähes, oft übertriebenes Festhalten an den patriarchalischen Einrich-

tungen der „guten alten Zeit", daher eine gewisse bornirte
Voreingenommenheit gegen alles Neue. Daher auch die starke
Abneigung gegen alles Fremde, daher beim einzelnen Indivi-
duum ein hoher Grad von Abgeschlossenheit gegen die Aussen-
welt. Das erweckte auch jenen Hang zum Mysticismus, welcher
in Jung-Stilling († 1817) seinen klassischen Vertreter fand und
heute noch in dem üppig wuchernden Muckertum seine oft
recht wunderlichen Blüten treibt. Andrerseits aber entspringt
aus dieser Abgeschlossenheit des Siegerländers ein hoher Grad
von Selbstgefühl, grosses Vertrauen auf die eigne Kraft, wie
auch ein eifriges Streben, im Wettbewerb es dem Nach-
barn zuvor zu tun. Tief verhasst aber ist jegliches Streber-
tum und jede Kriecherei. Sie widerstreben dem geraden,
schlichten Wesen des Siegerländers und jenem Zuge demo-
kratischer Gesinnung, welcher sich äussert in dem ungezwun-
genen Verkehr der Siegerländer unter einander, einem aus-
gleichenden Element im sozialen Leben des Siegerlands, das
Reich und Arm, Hoch und Niedrig zusammenführt und dem
gesellschaftlichen Verkehr einen wohltuenden patriarchalischen
Anstrich verleiht.

So sehn wir im siegener Land ein reich gesegnetes Fleck-
chen Erde, in seinen Bewohnern ein glückliches zufriedenes
Völkchen, und wir begreifen den anonymen Nationaldichter
des Siegerlands, wenn er im Ueberschwall seines Heimatge-
fühls in einer „Hymne ab d't Seejerland" singt:

<blockquote>
Ech ha de Welt da och geseh,
doch hanich noch nix fonne,
Känn Stäh, känn Därfer, die sich nur,
met Dir vergliche konne.
</blockquote>

(vgl. „Riimcher uss d'm Seejerland" 2. Aufl. Siegen 1882.)

Bemerkten wir im politischen wie im wirtschaftlichen
Leben eine scharfe Absondrung des Siegerlands gegen die
umliegenden Gebiete, so müssen wir für die siegener Mundart
das genaue Gegenteil constatiren: kaum ein deutscher Volksdialekt hat sich in dem Masse Elemente der Nachbarmund-
arten zu eigen gemacht wie der siegerländer. Er ist so eine
rechte Uebergangsmundart geworden, und man könnte wohl
zweifeln, welcher von den grössern Dialektgruppen der fränkischen Zunge man ihn zuzurechnen hätte. Heinzerling, der

zuerst die siegener Mundart einer eingehendern Untersuchung unterwarf. („Ueber den Vocalismus und Consonantismus der Siegerländer Mundart." Marburg 1871. pg. 5 ff.) rechnet sie zum rheinfränkischen Dialekt und versteht dabei unter „Rheinfränkisch" die Mundart, welche am untern Rhein von Coblenz bis hinab nach Düsseldorf gesprochen wird. Da nun aber in neuerer Zeit sich für diesen Dialekt die Bezeichnung Mittelfränkisch eingebürgert hat, (vgl. Weinhold, kl. mhd. Gramm. ²§ 2. Paul, mhd. Gramm. ² § 2. Braune, ahd. Gramm. ² § 6. Behaghel bei Paul: „Grundriss der germanischen Philologie" Bd. I, 3. pg. 538.), während man jetzt unter Rheinfränkisch den weiter rheinaufwärts gesprochenen, dem Alemannischen angrenzenden Dialekt versteht, so wollen wir zur Vermeidung dieser beiden irreführenden Bezeichnungen für den jetzt Mittelfränkisch genannten Dialekt nach dem Vorgange von Weinhold die Bezeichnung Ripuarisch gebrauchen. Die Benennung Rheinfränkisch für die in der Wetterau, der Pfalz und den angrenzenden Gebieten gesprochene Mundart aber wollen wir durch das von Paul (Mhd. Gr. ² § 2.) empfohlene Südfränkisch ersetzen, obwohl uns diese Bezeichnung an sich nicht ganz zusagt. cf. Braune, ahd. Gr. ² § 6.

Nach Weinhold (Kl. mhd. Gr. ² § 2) gehört das Siegensche zweifellos zum Ripuarischen. Ebendahin wird es sowohl von Paul (Mhd. Gr. ² § 2) als auch von Behaghel (a. a. O.) gerechnet, doch wird es immer ausdrücklich als Grenzdialekt bezeichnet.

Nach Behaghel besteht das Hauptkennzeichen des ripuarichen Dialekts darin, dass er in den Pronominalformen *dat, it, wat, allet* das *t* unverschoben lässt, während es im Südfränkischen wie in allen andern hochdeutschen Mundarten in *z* übergeht. Dazu kommt noch das pronominale *dit*. (Braune, ahd. Gr. ² §§ 160. 87. Weinhold, mhd. Gr. ¹ § 180; kl. mhd. Gr. ² §§ 56. 79. Paul, mhd. Gr. § 92.) Ausserdem verschiebt das Ripuarische *p* im Anlaut und Inlaut nach Consonanten nie, während das Südfränkische die Verschiebung nach *l* und *r* eintreten lässt. (Braune, ahd. Gr. ² § 87. Weinhold, mhd. Gr. ¹ § 154; kl. mhd. Gr. ² § 67. Paul, mhd. Gr. ² § 92.) Prüfen wir das Siegensche auf diese Erscheinungen hin, so sehn wir in den siegenschen Formen *dat, öt* (enclit. ət) und *rat* das *t* unverschoben. *Dit* ist im siegener Dialekt mit diesem ganzen

Pronomen verloren gegangen; dass es einmal vorhanden war, lehren die Urkunden sowohl wie auch die veraltete Redensart *dęt ǫnn dat* „dies und jenes“ dafür bürgt, dass *t* hier unverschoben blieb. Für *allet* dagegen haben wir siegensch wie gemeinhochdeutsch immer *allez*. Andrerseits ist aber wieder zu bemerken, dass auch die seltene flectirte neutrale Form des Adjectivums, wenn sie vorkommt, unverschobenen Dental zeigt. Belege hierfür bieten besonders noch substantivirte neutrale Adjectiva, wie *fäddət* „Fett“, vom adj. *fädd* „fett“, *vêøtehø* „kleine Wunde“, von *vêø* „wehe“ gebildet. Hier scheint sich demnach das Siegensche als ripuarische Mundart zu kennzeichnen, wenn auch die Erhaltung von *t* in den besprochenen Formen nicht in ganz so weitem Umfange durchgeführt erscheint, wie es in diesem Dialekt sonst üblich ist.

Ganz anders aber verhält es sich mit jener zweiten Erscheinung des Consonantismus, die wir ins Auge fassten. Hier nämlich steht der siegerländer Dialekt fast durchaus auf südfränkischem Boden, da er in der weitaus überwiegenden Mehrzahl der Fälle *rp* und *lp* zu *rf* und *lf* wandelt, wie die Formen *dǫrf*, *vêørfø*, *hëølfø* etc. beweisen. Nur in ganz vereinzelten Formen ist *p* nach *r* [und *l*] erhalten, so in *šárp* „scharf“, mhd. ahd. *scharf* asächs. *scarp*; *qárbø* f. „Karpfen“, meist eine besondre Schweinerace bezeichnend, ahd. *charpho*, engl. *carp*. Nach diesem Kriterium müssten wir also das Siegensche dem Südfränkischen zurechnen.

Auch die siegener Urkunden sind hier von keinem Nutzen. Auch hier haben wir bei *dat, it, wat, dit* ein Ueberwiegen der unverschobenen *t*. Daneben aber haben wir gar nicht selten Urkunden mit durchgängig verschobenem Dental und endlich auch solche, in denen verschobener und unverschobener *t*-Laut nebeneinander stehn. (So in Phil. sg. Uk. Nro. 193; 208; 214; 266; 313; 332 u. a. m.)

Bei der Behandlung von *rp* und *lp* zeigt sich in den Urkunden ebenfalls ein regelloses Schwanken. Auch hier haben wir bald durchgängig unverschobenen Laut (sg. Uk. 191; 288), bald allgemein Verschiebung (268; 320), bald in derselben Urkunde verschobenen und unverschobenen Labial nebeneinander (260).

So paralysiren sich die Hauptkriterien der Entscheidung,

und wir müssen uns nach andern unterscheidenden Merkmalen umsehn.

Der Consonantismus nun bietet uns deren nur sehr wenige, wenn auch einige. So entspricht gemeinhochdeutschem auslautendem *b* siegensch wie niederdeutsch ein *f* (vgl. Heinzerling pg. 70 ff.); ebenso ist germanisches anlautendes *wr* im siegenschen Dialekt immer durch *br* vertreten (cf. Hz. pg. 80 ff.; Müllenhoff & Scherer's Denkmäler VIII.), beides Erscheinungen, welche dem Siegenschen mit dem Ripuarischen gemeinsam sind, und die das Südfränkische gar nicht oder doch nicht in dem Masse zeigt.

Viel wichtiger für die Bestimmung der Stellung des siegerländer Dialekts innerhalb des Fränkischen ist der Vocalismus, und zwar, wie schon Heinzerling (pg. 12 f.) sah, besonders deshalb, weil von den beiden hier in Betracht kommenden fränkischen Dialekten das Ripuarische wesentlich niederdeutschen, das Südfränkische dagegen durchaus hochdeutchen Vocalismus zeigt.

Ripuarischen Charakter tragen nun folgende Erscheinungen des siegenschen Vocalismus:

1) die Vorliebe für unechte Diphthonge und die Abneigung gegen echte Zweilauter, die specifisch ripuarisch ist;

2) die Vorliebe für reines *a*, die sich zeigt a) in der Erhaltung des *a* resp. seines richtigen Umlauts *ä*, wo sonst nhd. ein *o* resp. *ö* steht, b) in der Dehnung von *a* zu *á*, wo südfränkisch meist *ao͡* (offener *o*-Laut) steht, c) in dem häufigen, oft unorganischen Vorkommen von *a* vor *r*;

3) die Vertretung von germ. *é* und *eo* durch rip. *é* im Siegenschen, wo südfränkisch *i* (nhd. *ie* geschrieben) steht;

4) dementsprechend sieg. *ó* für germ. *ó*, wo die meisten südfrk. Dialekte *ú* haben;

5) strenge Durchführung der nd. Schwächung von *i* und *u* zu *e* und *o*;

6) Abneigung gegen die Diphthongirung von *i* und *ú*.

Andrerseits haben wir Zusammengehn des Siegenschen mit dem südfrk. Hessischen in

1) der Abneigung des grössten Teils der siegerländer Mundart gegen die Laute *ö*, *ü* und *eu*, welche durch die entsprechenden hellen Vocale *e*, *i* und *ai* vertreten werden;

2) der Erhaltung von germ. *ai*, wenn es nicht vor *r*, *h*, *w*
steht, wo wir ripuarisch immer *ê* haben;

3) der Erhaltung von *au* (ausser vor Dentalen, *h* und *w*),
wo ripuarisch stets *ô* steht.

Zeigt sich so schon ein quantitatives Ueberwiegen des
ripuarischen Elements in der siegerländer Mundart, so ist das
entscheidende Moment doch erst der Umstand, dass die südfränkischen Eigentümlichkeiten des Siegenschen, auch wenn sie
im weitaus grössern und herrschenden Gebiet der Mundart
sich finden, doch niemals auf dem ganzen Gebiet nachzuweisen
sind, also nicht als Charakteristika 'des Siegenschen in seiner
Gesamtheit dienen können, während die angeführten ripuarischen
Elemente auf dem ganzen Gebiet nachweisbar sind und deshalb als charakteristische Merkmale zu gelten haben. Bei den
einzelnen Lauten wird das näher behandelt werden; vorläufig
genüge es zu constatiren, dass im Siegenschen ein ripuarischer
Dialekt vorliegt, wie das ja auch am besten unsrer Annahme
von der Besiedlung des Landes durch ripuarische Franken entspricht.

Freilich der Einfluss, den der benachbarte hessisch-wittgen-
steinisch-nassauische südfränkische Dialekt auf den siegerländer
ausgeübt hat, ist ein ganz gewaltiger gewesen, und das darf
bei den jahrhundertelangen Beziehungen des Siegerlands zu
Nassau kaum wunder nehmen. Im Südosten und Osten vollzieht sich daher der Uebergang zum Südfränkischen fast un-
merklich, und so bietet auch der siegener Dialekt ein ekla-
tantes Beispiel für die wellenartigen Uebergänge zwischen benachbarten Mundarten, wie sie Johannes Schmidt („Die Verwandtschaftsverhältnisse der indogerm. Sprachen." Weimar 1872.)
für die Sprachen des indogerm. Sprachstamms erwiesen hat.

Wir sehn also im Siegenschen einen im Grunde ripuarischen
Dialekt vor uns, der jedoch durch Aufnahme fremder Sprach-
elemente den Anschluss auch an das benachbarte Südfränkische
gewonnen hat. Gerade dieses vermittelnde Ueberleiten ist denn
auch das besondre Merkmal der siegener Mundart und gibt
derselben jene charakteristische Eigenart, welche der siegerländer Volksdichter mit „half hochditsch onn half platt" bezeichnet. Freilich was der siegener Dialekt an plattdeutschen
Elementen besitzt, gehört zu seinem ripuarischen Grundcharakter,

während der Einfluss des im Norden angrenzenden Westfälischen verschwindend gering anzuschlagen ist.

Selten bietet nun die siegener Mundart Lautstufen, die, dem ganzen Gebiet derselben gemeinsam, genau die Mitte hielten zwischen den entsprechenden ripuarischen und südfränkischen Formen. Das geschieht eigentlich nur bei der Vertretung von germ. *á*, wo das Siegensche ein *áo* aufweist, das genau in der Mitte steht zwischen dem rip. nd. *á* und dem hess. sdfrk. *ó* (cf. Heinz. pg. 30). Etwas Aehnliches zeigt sich bei *i* und *ü* vor Vocalen und im Auslaut; vgl. unter *i*.

Viel öfter geschieht der Uebergang durch Bildung von Unterdialekten, bei denen sich das Spiel der Hauptdialekte wiederholt. Auch sie treten durch Entlehnung einer Anzahl von Eigentümlichkeiten in nähere Beziehung zu den gerade benachbarten Mundarten, stehn aber zueinander auch wieder in jenem wellenartigen Uebergangsverhältnis.

So hat auch das Siegensche eine Anzahl Unterdialekte. Im Wesentlichen können wir deren vier feststellen. Indessen bleibt dabei zu beachten, dass für diese Unterdialekte feste Grenzen aufzustellen gänzlich unmöglich ist, spricht doch kein einziges Dorf wie das nächstbenachbarte, und sind doch sogar in der Stadt Siegen zwei verschiedene Idiome beobachtet worden. (cf. Heinz. pg. 9).

Diese vier Unterdialekte sind nun die folgenden:

1) der von Freudenberg (frdbg.) im Westen und Südwesten, umfassend das Amt Freudenberg;

2) der des obern Ferndorftales (fdf.), im Norden und Nordosten, umfassend die Aemter Ferndorf und Hilchenbach;

3) der des Johannlands (johld.) im Osten und Südosten, umfassend das Amt Netphen und Teile des Amtes Wilnsdorf;

4) der von Stadt Siegen in der Mitte des Landes, umfassend die Stadt Siegen, die Aemter Weidenau und Eiserfeld, sowie den Rest des Amtes Wilnsdorf.

Zieht man nur den Vocalismus in Betracht, so lassen sich diese vier Unterdialekte wieder in zwei Gruppen zusammenfassen. Die beiden erstgenannten haben gegenüber den beiden andern eine sehr starke Neigung zu den dumpfen Lauten *ö, ü* und *eu*, während die beiden herrschenden Idiome eine ausgesprochene Abneigung gegen diese Laute zeigen und dieselben durch die hellern *e*, *i* und *ai* ersetzen. Auch entwickelt das Idiom von Freudenberg wie das von Ferndorf ursprüngliches *au*, wo es hd. allgemein monophthongirt wird, zu *ůə* (Umlaut *üə*), wo sonst im Siegenschen *ôə* (Umlaut *ëə*) steht.

Der freudenberger unterscheidet sich dann vom ferndorfer Dialekt wiederum durch Festhalten des ripuarischen *ê* und *ô* für germ. *ai* und *au* auch in den Fällen, wo diese Diphthonge sonst hochdeutsch nicht monophthongirt sind, und wo auch das Ferndorfische die alten Zweilauter, wenn auch etwas verengt, erhalten hat.

Der Dialekt des Johannlands unterscheidet sich von dem der Stadt hauptsächlich durch eine Neigung zu breiter Aussprache der Vocale und eine Bevorzugung offener Selbstlauter, Erscheinungen, die in Siegen Stadt durch eine der nhd. Schriftsprache mehr angepasste, geschlossenere Aussprache ersetzt sind. Ferner ist in Teilen des Johannlands germ. *a* zu *o* gewandelt, in andern die südfrk. Diphthongirung von germ. *i* und *ů* viel weiter entwickelt, als es sonst im Siegenschen der Fall ist.

Auf diese Unterschiede im Einzelnen werden wir bei den einzelnen Lauten zurückkommen, wobei sich auch zeigen wird, dass oft nicht nur die einer der oben gebildeten Gruppen angehörenden Dialekte gemeinsame Merkmale aufweisen, sondern auch ein Dialekt der einen mit einem Dialekt der andern Gruppe zusammengeht im Gegensatz zu den beiden andern Dialekten.

Als eine fünfte Unterabteilung der siegener Mundart könnte man endlich die Sprache des Freien Grundes, eines abgeschlossenen Gebirgskessels im Süden des Siegerlands, der das Gebiet der obern Heller, eines Nebenflusses der Sieg, umfasst, aufführen. Indessen ist die hier gesprochene Mundart unter dem Einfluss langjähriger saynischer Herrschaft derartig mit saynischen Sprachelementen versetzt worden, dass ihr westlicher Teil dem Siegenschen ganz entfremdet wurde. Im Osten hat die Sprache ihren siegener Charakter besser bewahrt, doch ist im Ganzen die freiengründer Mundart für das Gesamtbild des siegener Dialekts von so geringer Wichtigkeit, dass wir sie hier gänzlich ausser Acht lassen dürfen.

Zu grunde liegt nun der vorliegenden Abhandlung die Mundart von Eisern, dem Heimatort des Verfassers. Dieses Dorf, in der Nähe alter Eisensteingruben gelegen, die ihm auch seinen Namen gegeben haben, bildet etwa die Grenze zwischen dem Dialekt der Stadt und dem des Johannlands im Tal der Eisern, eines kleinen Zuflusses der Sieg im Süden des Siegerlands. Der eiserner Dialekt vereinigt daher viele Eigentümlichkeiten der genannten herrschenden Idiome des siegerländer Sprachgebiets. Er dürfte deshalb zum Haupttypus des siegerländer Dialekts, neben dem freilich die andern nicht vernachlässigt werden dürfen, im hervorragendem Masse geeignet sein. Mag auch in Eisern der nass.-sdfrk. Einfluss stärker gewesen sein als in der Stadt, so hat doch in dem ländlichen Dialekt wieder die Schriftsprache bei weitem nicht in dem Masse ihre alles Charakteristische verwischenden Einwirkungen ausüben können.

In der Schreibung der Beispiele, die sehr zahlreich, und wo es anging, siegener Idiotismen sind, wurde möglichst nach phonetischen Principien verfahren. Es wurde daher der irrationale Vocal der Endungen stets durch ə, dementsprechend Liquida und Nasalis sonans durch ļ, ŗ, resp. m̗, ṇ bezeichnet. Die weichen Spiranten ƀ und ᶞ, welche im Sg. mit w resp. r zusammengefallen sind, werden, wie diese Laute, durch v resp. r vertreten; *sch* erscheint stets als š, hartes *ss* als z resp. zz. ɴ ist der gutturale Nasal; *g, k, j, ch* als Palatalen entsprechen γ, q, ᶾ, χ als Velares. Bei den Muten wurde in betreff der Verteilung von Media und Tenuis eine rein lautliche Schreibung angestrebt, die im An- und Inlaut meistens Media, im Auslaut gewöhnlich Tenuis ergab, welch letztere in der Aussprache allerdings wie in der Schriftsprache Tenuis aspirata ist.

Die siegerländer Mundart weist nun folgende Vocale auf:

I. Kurze Vocale:

a; ä (offener ä-Laut); *ë* (offener e-Laut); *e* (geschlossener e-Laut); *i; ǫ* (offener o-Laut); *ọ* (geschlossener o-Laut); *u; ə.*

Ausserdem haben die Dialekte von Freudenberg und Ferndorf noch *ö* und *ü.*

II. Lange Vocale:

â; å (offener langer ä-Laut); ae͡ (offener langer e-Laut); é (geschlossener langer e-Laut); î; ao͡ (offener langer o-Laut); ó (geschlossener langer o-Laut); û.

Dazu kommen noch frdbg. fdf. ȯ̈ und ü̇.

III. Diphthonge:

1) Echte: ai; au;
2) Unechte: âi; ëə; ɛə; ëə; ëi̥; ɒə; ȯə; ɒy.

Ausserdem noch frdbg. fdf. üə und ü̇ə. Nur vor altem r
kommen gemsg. noch ae͡ə, iə, ao͡ə, üə vor.

Die einzelnen germanischen Vocale im siegerländer Dialekt.

I. Die Vocale der Stammsilben.

Das germ. a.

Das germ. *a*, idg. *a* und *o* entsprechend, blieb im Sg. wie
sonst im Md. und auch im Nhd. lautgesetzlich erhalten in
geschlossener Silbe und hat hier noch ziemlich die Verbreitung
wie im Ahd. Ueber einige Ausnahmen s. u. (vgl. Weinhold,
mhd. Gr.[1] §§ 20—24; kl. mhd. Gr.[2] § 18. Braune, ahd. Gr.[2]
§ 25. Paul, mhd. Gr.[2] § 18. Behaghel, P. G. i, 3, pg. 558).

Beispiele:

baddə „nützen“ wie mrhein. hess. ww. *batten*, auch schwäb. so;
md. *baten* (Schade[2] i, 43.).

bass in *bass ga̅erə* „acht geben“ zu nhd. *aufpassen*, das aus
ndl. *passen* stammen soll (Kluge[4] 256).

brast „Sorge“, „Kummer“, enthält vielleicht eine sehr alte
Wurzel. Es entspricht wahrscheinlich das got. *vratón* „reisen“
an. *rata* dass., wozu *rati* „Besessener“ d. h. „der ruhelos um-
her Getriebene“, vgl. Schade[2] ii, 1203. Zu der letzten Bedeutung passt die sg. sehr wohl.

abch „Hanswurst“, eigtl. „einer der alles verkehrt anstellt“ zu
ahd. *abuh*, *abah*, as. *abuh*. Zu demselben Stamme gehören
äbš „verkehrt“ und *ärich* „verkehrt“, beide mit Umlaut be-
wirkenden Suffixen vgl. Hz. pg. 69.

dabbr „kräftig entwickelt“, „stramm“ ahd. *taphar*. Der Bedeutung des sg. Wortes kommen am nächsten mnd. *dapper*
engl. *dapper*, vgl. Kluge[4] 351; Schade[2] ii, 923. Hz. pg. 106.

affə ahd. *affo*.

baqqə m. ahd. *baccho* und *bahho*.

haqql in der Redensart „*off dr h. dräe*“ „huckepack tragen“.
Zu diesem hucke liegt wohl in dem sg. Wort die Hochstufe
vor. Das *l* = Suffix ist dasselbe wie in sg. *boqql*.

saχə ahd. *sahha*, got. *sakjô*.

qann „Kanne“ ahd. *channa*.

šmant „Rahm“, auch hess. Vilm 359 vorkommend wie livld.
und nd. (Kluge⁴ 308.) stellt sich zu mhd. *smant*, das slav.
Lehnwort zu sein scheint. *šmёnn* „abrahmen“. Ohne Nasal
ist gebildet *šmaddṛrich* „weich“, wozu sich das dial. (schles.
böhm. östr.) *schmetten* stellt, das wohl auch im sg. *šmäddṛlin*
vorliegt, cf. engl. *butterfly*, dtsch. Buttervogel, Molkendieb.

ranzə, gew. *áranzə* „scheltend anfahren“ gehört wohl trotz
Kluge⁴ 271, der es von ranken ableitet, zu mhd. *rans* „Maul“
(Schade² II, 700), vgl. das nhd. *anschnauzen*. *s* ist nach *n*
zu *z* geworden; vgl. *gəhanzdáχ* „Johannistag“.

ravgə zeigt sg. eine merkwürdige Bedeutungsentwicklung. Es
gehört zu mhd. *ranc* „schnelle drehende Bewegung“ (cf. nhd.
verrenken), ebenso zu nhd. *Ranke*. Aus der Bedeutung des
mhd. Wortes entwickelt sich nun sg. der Sinn: „Scheibe
Brot“, indem man diese in der Weise abschneidet, dass man
mit dem Messer um den Laib rund herum fährt. Die Deutung
wird bestätigt durch das Compositum *ṛmmravgə* „volle Ranke“,
die man rund herum abschneidet. Auffällig bleibt nur, dass
das *ur*, welches, wie nhd. *wrank* zeigt, vorhanden war, hier
sg nicht durch *br* sondern durch *r* vertreten ist; vielleicht
deutet das auf spätere Entlehnung.

šavk „Schrank“ trennt schon Hz. pg. 60 richtig von mhd.
schrank. Das Wort findet sich auch hess. (Vilm. 341) und
bayr. (Schmeller III, 372) und entspricht mhd. *schanc*, ahd.
scanc. Davon Schänke, Schankwirt.

lant ahd. *lant*, got. *land* sowohl = *terra* als auch = *ager*; in
ersterer Bedeutung lautet der Plur. *lёnnṛ*, in letzterer *lannṛ*,
was wohl secundäre Bildung ist. vgl. die Flexionen.

glamm „eng anschliessend“, dann auch „feucht“, cf. engl. *clam*,
clammy, nd. *klam*, mhd. *klam* „Beengung“. vgl. Hz. pg. 100.

faln ahd. *fallan*.

qalf ahd. *chalb*, got. fem. *kalbô*.

Uebereinstimmend mit dem Nd., dem Md. und der nhd.

Schriftsprache wird im Sg. *a* in offener Silbe gedehnt. Die Dehnung tritt auch immer ein in einsilbigen Wörtern, wenn einfacher Consonant folgt. Als Dehnungsvocal erhalten wir ein reines *â*, durch welches sich die siegensche Mundart besonders vom benachbarten Hessischen unterscheidet, das hier einen offenen langen *o*-Laut, ein *ào*, zeigt.

Beispiele.

rât ahd. *rad.*

vâs „Tante“, „Base“ ahd. *basa*, amd. *wasa*, umd. *wase.*

šdárə „Bett eines Baches“ mit einer kleinen Bedeutungsverschiebung zu ahd. *stado*, got. *staps* „Gestade.“ Vilm 394.

mâz (*z = ss*) „gar“, „weich“, „geniessbar“, gebildet von der Wurzel *mat-*, die vorliegt in mhd., ahd. *maz* „Speise“, got. *mats*, dazu *matjan*, an. *mata* cf. Schade² 1, 597.

brâs f. „[losgehacktes Stück] Rasen“, hess. *frasen* aus mhd. *wrase*, nnd. *wrase*, *brasen*, auch fem. *brase* cf. Schade² 11, 1202. Heinz. Wb. 34.

râv f. „Rabe“ ahd. *rabo.*

qâv „Hülse des Hafers“ zu mhd. *kaf* „Getreidehülse“, agls. *ceáf.* Die Tiefstufe dazu liegt vor im ahd. *chëva* „Hülse“, „Schote“, cf. Schade² 1, 479.

grâf „Grab“ ahd. *grab.*

âf ahd. *aba*, got. *af.*

frâqich „auffällig ausgelassen“ geht zurück auf einen Stamm *frak-*, von dem vielleicht der in sg. *frêch*, *frëəχ*, ahd. *frêh*, got. (*faihu*)- *friks* vorliegende St. *frik-* die Schwächung darstellt. Die letztere liegt dann auch wohl vor in sg. *frickl* „ausgelassenes junges Mädchen“, „Backfisch“, wozu noch afrz. *frique* „munter“, wie besonders dauph. *fricandela* „lebhaftes Mädchen“ zu vergleichen sind. cf. Schade² 1, 222.

šâqə „mit den Beinen ausgreifen“, „treten“ zu asächs. *scacan* „sich entfernen“, „entfliehen“, agls. *scacan*, *sceácan* „wegstürzen“, engl. *shake.* cf. Schade² 11, 773.

mâ „Mann“ ahd. *man*, got. *manna.*

hâlə „halten“ ahd. *haltan*, got. *haldan.* Hier scheint sich sehr früh das *d* dem *l* assimilirt zu haben und die Doppelconsonanz vereinfacht worden zu sein. So trat *a* in offene Silbe und wurde gedehnt, vgl. sg. sing. *qalt* zu plur. dat. *qâlə.*

In striktem Gegensatz zum nhd. schriftsprachlichen Gebrauch
haben wir im Sg. immer Dehnung vor einfachem *m:*

hȧ̊ml „Hammel" ahd. *hamal.*

hȧ̊mə „Kummet", auch sonst rip. vorkommend als *hamen,* ndl.
haam, westf. *ham,* engl. *hame,* stellt sich vielleicht zu ahd.
hamo, mhd. *hame, ham* „Angelhaken". Die Grundbedeutung
wäre dann die des Gebogenen und Beziehung zum lat. *hāmus*
anzunehmen. Ueber die zu grunde liegende idg. Wurzel
vgl. Schade² 1, 369; Kluge⁴ 129; 139; 194.

hȧ̊mr „Hammer" ahd. *hamar,* mhd. *hamer.*

qȧ̊mr, ahd. *chamara,* ein roman. Lehnwort.

zəsȧ̊mə „zusammen" ahd. *zisamane.*

lȧ̊m „lahm" mhd. ahd. *lam,* agls. *lama.* Hier hat auch das
Nhd. Dehnung.

Die Differenzirung einer Wurzel nach zwei verschiedenen
Bedeutungen durch verschiedene Behandlung des — *am* — haben
wir in sg. *amm* (gew. *hēəramm* „Hebamme"), „Amme" und
ȧ̊mə „Grossmutter". Letztere Bedeutung zeigt der Stamm auch
in an. *amma,* occit. *ama.* Die Bedeutung „Mutter" haben span.
ama, gael. *am,* bask. *amma,* albanes. ʼέμε, esthn. *emma.*
Beide Bedeutungen „Amme" und „Mutter" haben mhd. *amme,*
ahd. *amma.* (Schade² 1, 14.). Zu grunde liegt wohl eine
Wurzel *am* „säugen". Die Bedeutung „Grossmutter" ist dann
eine erst sekundär aus „Mutter" entstandene.

Für ursprüngliches *mb* tritt auch sg. stets *mm,* nie einfaches *m* mit gedehntem Vocal ein:

qamm ahd. *chamb,* agls. *comb.*

šramm ahd. *sramb.* [got. *sramms*].

lamm ahd. *lamb,* got. *lamb.*

klammr an. *klombr,* engl. *clamp,* ndl. *klamp).* Vgl. noch nhd.
dial. Formen wie bair. *klamper,* kärnthn. *klampfer* und nhd.
Klempner, s. Kluge⁴ 172.

Vor *r* + Consonant, wo die nhd. Schriftsprache, besonders
vor *r* + Dental, (vgl. Behaghel PG. I, 3, pg. 559.) oft Schwanken
der Quantität zeigt, hat das Siegensche fast durchgängig ursprüngliches *a* gedehnt. Es ist dies wohl mit Heinzerling
(pg. 14) darauf zurückzuführen, dass auch im Fränkischen,
wenn wir auch hier nicht, wie obd., den Vocal geschrieben

finden, in der Aussprache zwischen dem *r* und dem folgenden Consonanten ein Vocal sich gebildet hatte, wodurch das vorhergehende *a* gewissermassen in offene Silbe zu stehn kam. (vgl. Braune, ahd. Gr.² §§ 69. 65.). Deutlich ist diese Entwicklung noch in sg. *ârich* „arg“ zu mhd. *arc*, ahd. *arg, arag.* cf. Schade² 1, 26.

Beispiele:

várdə „warten“ ahd. *wartên.*

γârdə „Garten“ ahd. *garto*, got. *garda* und *gards*, engl. *yard.*

bârt ahd. *bart*, ndl. *baard.*

qâršt „Karst“, „bidens“ zu mhd. *karst*, ahd. as. *carst.* Dazu *qáršdich* „geizig“. Es ist dies eine volksetymologische Uebertragung des Wortes auf die Wurzel *kar -*, welche vorliegt in mhd. *karc* „sparsam“, ahd. *charag* „traurig“, auch got. *karôn*, ahd. *charôn*, mhd. *karn* „sich kümmern“, „trauern“. Dazu kommt noch engl. *chary* „sparsam“, *care* „Sorge“, agls. *čearig* „traurig“. Die Grundbedeutung ist wohl „Sorge“, d. i. auf die materiellen Dinge übertragen „Sparsamkeit“, „Geiz“. Es bezeichnet daher sg. *qâršt* auch einen Geizigen; davon das Verbum *qáršdə* „kargen“. Zu derselben Wurzel *kar-* gehört auch das von Heinzerling (pg. 14) citirte *qârmə* „sich über Armut beklagen“, davon subst. *qârmr.*

várzl̦ „Warze“ entspricht der Bedeutung nach mhd. *warze*, ahd. *warza.* Die Bildung ist dagegen wohl dieselbe wie die von mhd. *wurzel*, ahd. *wurzala.* Es liegt nämlich ein Compositum vor, dessen zweiter Teil das got. *walus* „Stab“, agls. *walu* „Schwiele“, „Knoten“ ist. Das erweist für mhd. *wurzel* das agls. entsprechende *wyrtwalu*; vgl. noch *morhala* aus *morhwalu* und *geisala* aus *geis-walu.* Aber auch der erste Teil der beiden Composita *wurzel* und *várzl̦* geht wohl auf dieselbe idg. Wurzel zurück. Es ist wohl die Wurzel *vrd-* „wachsen“, von der in *wurzel* die Tiefstufe *vrd-* und in *várzl̦* aus **warzel* die Hochstufe *vrd-* vorliegt. Zu der letztern vgl. noch lat. *radix*, gr. ῥόδον, äol. βρόδον aus them. **ϝροδον*; ferner auch engl. *wart*, nd. *warte*, *wârte.* Daneben steht ein Stamm ohne Schluss-Dental, der vorliegt in sg. *varr* „Gerstenkorn“ (am Auge), agls. *wearre* „Schwiele“; vgl. lat. *verrúca.*

árrət „Arbeit" mhd. *arbeit*, ahd. *arabeit*.

šárrə „in Stücke zerschneiden", z. B. *môs šárrə* „Kraut ein-
schneiden", wie bair. *scharben*, zu mhd. *scharben*, ahd. *scar-
bón*, cf. Schade² II, 780. Dazu sg. *širrl̥* „Scherbe". (siehe
pg. 34).

hár „Schneide eines scharfen Instruments", davon *hárn* „eine
Sense dengeln" gehört zu einem Stamm, der noch vorliegt
in mhd. *here*, nhd. *herb*, und der auch enthalten ist in as.
harm, ahd. *haram*.

márk „Mark", „medulla" mhd. *marc*, ahd. *marag*, *marg*.

šdárk „stark" mhd. *starc*, ahd. *starc*, obd. *starah*.

bârch „verschnittenes Schwein" mhd. *barc*, ahd. *barh* und *barug*,
agls. *bearg*, ndl. *barg*.

Die ursprüngliche Kürze ist vor *r* + Consonant sg. erhalten
nur in

hart „hart" ahd. *harti*, *hart*, got. *hardus*, und in

harfl̥ „Bindfaden", „Seil", das wohl gebildet ist von ahd. *haru*,
haro, mhd. *hare*, *har* „Flachs" mit einem *l*-Suffix, das auch
vorliegt in sg. *bönnl̥* „Bindfaden" von *bənnə* „binden", ferner
in *reckl̥* „Wickel", *vensl̥* „Strohseil" von *rennə* „winden" etc.

Zeigt so das Sg. im Allgemeinen das starke Bestreben, germ.
a sowohl in der Kürze als in der Dehnung als reinen *a*-Laut
zu erhalten, so macht sich andrerseits im Osten des Siegerlands, vielleicht unter nassauisch-wittgensteinschem Einfluss,
die Neigung geltend, germ. *a* nach *o* hin zu entwickeln.
Weniger fällt das auf in dem Dialekt von Eisern, wo eben
erst die Neigung emporkeimt, vor *r* das aus *a* gedehnte *á* in
aö, langen offenen *o*-Laut, übergehn zu lassen, so dass neben
šdárk ein *šdáöərk*, neben *γárdə* ein *γáöərdə* zu treten beginnt.
Viel weiter geht die Vorliebe für *o* im eigentlichen Johannland,
wo vor *l* und *n*, vor welchen Lauten ja auch die nhd. Schriftsprache oft *a* zu *o* gewandelt hat (cf. Weinhold, mhd. Gr.¹
§ 20.), unverlängertes *a* stets in *ǫ* übergeht. Wir erhalten also
hier *ǫll* „alle", *lǫu* „lange", *rǫnərn* „wandern", *ǫnərš* „anders",
gəγǫuə „gegangen" u. s. f.

Der Umlaut des *a* findet schon sehr früh in den Literatur-

denkmälern seine Bezeichnung: wir können seine Entwicklung
schon vom 8. Jahrhundert ab verfolgen. (Weinhold, mhd. Gr.[1]
§ 27; kl. mhd. Gr.[2] § 9. Braune, ahd. Gr.[2] § 27. Paul, mhd.
Gr.[2] § 40.) Am frühesten zeigt er sich im Bairischen; von da
aus verbreitet sich die Erscheinung nach Norden hin, erfasst
die md. Dialekte und schliesslich auch das Nd.

Hervorgerufen wird der Umlaut durch ein suffigirtes *i* oder
j. Sein Wesen besteht darin, dass dieser *i*-Laut den vorhergehenden Consonanten palatalisirt oder mouillirt, und diese
Mouillirung auch auf das *a* der Stammsilbe sich ausdehnt.
(Vgl. Sievers in P. G. I, 2, pg. 283.) Gleichzeitig aber sucht der
Umlaut bewirkende Vocal den umgelauteten seiner Articulationsstufe zu nähern, daher „sind die Umlautvocale stets tonhöher
als die ihnen zu Grunde liegenden Vocale" (Weinhold, kl. mhd.
Gr. § 9). Es ist daher nicht richtig, wenn Sievers (P. G. I, 2,
pg. 296) behauptet, der *i*-Umlaut bestehe in der Regel in einer
Verschiebung gutturaler Vocale zu Palatalen, seltener in einer
Hebung der Zunge. Beim Umlaut tritt immer zugleich mit
der Palatalisirung des Vocals auch die Hebung der Zunge ein.
Wir haben daher in dem Umlaut-*ę*, das uns die ahd. Literaturdenkmäler als Umlaut von *a* bieten, nicht einen offenen, dem
a gleich articulirten sondern einen geschlossenen, in der Ton-
stufe dem *i* nahestehenden *e*-Laut vor uns, und gerade dadurch
ist das Umlaut-*ę* unterschieden von dem germ. *ë*. (Franck, Z.
f. d. A. XXV, pg. 218; Luick, P. B. B. XI, pg. 492. Kauffmann,
Gesch. der schwäb. Mundart. Strassbg. 1890. pg. 50 ff.) (vgl. die
Behandlung des germ. *ë*.)

Nachdem nun, meist schon in ahd. Zeit, das *i* und *j* der
Suffixe durch stummes *e* resp. den irrationalen Vocal ersetzt
war, war damit auch die Veranlassung der Palatalisirung verschwunden. Die vorhergehenden Consonanten werden daher
ihres palatalen Charakters beraubt, und ihnen die alte Articulation wiedergegeben. Dadurch wird aber dann schon früh
auch ein Zurückgehn des Umlauts bewirkt, indem der Umlautvocal von seiner hohen Articulationsstufe allmählich herabsinkt.
In dieser rückwärtigen Bewegung trifft nun das Umlaut-*ę* im
13. Jahrhundert schon mit dem germ. *ë*, von dem es vorher
streng geschieden war, das aber seinerseits seinen alten Lautwert, offenes *e*, streng bewahrt hatte, zusammen. Das beweisen

uns Reime der Denkmäler dieser Zeit, die ohne Scheu ę und
ë auf einander binden. (Weinhold, mhd. Gr.¹ § 41.)

In der nhd. Schriftsprache gilt dieser Zusammenfall von
ę und ë im ganzen noch heute, wozu wohl die gleichmässige
Bezeichnung durch e nicht am wenigsten beigetragen hat.
Ganz anders ist es in den ungeschriebenen Dialekten. Hier
hinderte nichts, das ę noch weiter in der Tonhöhe sinken zu
lassen und es noch mehr dem a, aus dem es hervorgegangen
war, wieder zu nähern. Und wie die nördlichsten Dialekte
dem Umlaut am längsten Widerstand geleistet hatten, so waren
sie jetzt auch am schnellsten bereit, den zurückgehenden Umlaut dem a wieder möglichst nahe zu bringen. So ist denn
heute im Obd. zwar meist noch geschlossenes ę, im Md., besonders aber im Nd., meistens offener ë-Laut der lautgesetzliche Vertreter von umgelautetem a. vgl. Heinz pg. 15.

Einzelne, hauptsächlich nd. Mundarten gehn nun in der
Rückassimilation des Umlauts an das a noch weiter und weisen
als Vertreter des umgelauteten a einen zwischen offenem ë und
a liegenden Laut, ein offenes ä, auf. Diesen Vocal, den wir
mit ä bezeichnen, bietet uns das Sg. als lautgesetzliche Vertretung. Wenn nun im Dialekt der Stadt für dieses offene ä
ein geschlossener Laut, offenes ë, eintritt, so sehn wir darin
lediglich schriftsprachlichen Einfluss, nicht aber eine ursprüngliche Verschiedenheit von den ländlichen Dialekten. Dass
diese aber ihr ä nicht fremdem Einfluss verdanken, dafür bürgt
dessen gleichmässiges Vorkommen an der nassauisch-wittgen-
steinschen wie an der westfälischen Grenze. Scharf scheidet
sich so das Sg. besonders vom Hessisch-Nassauischen, das überall einen viel geschlossenern Vocal aufweist.

Beispiele:

äddə „Vater", auch sonst dialektisch vorkommend. Der Umlaut ist diminutiv, wie schwz. *älli* zeigt; vgl. mhd. *atte*,
ahd. *atto*, ferner lat. *atta*, gr. *'ἄττα*, aslav. *otici*.

rätzchə dimin. zu mhd. *ratze* aus ahd. *rato*. Dazu das Compos.
qourätzchə „Eichhörnchen" in dessen erstem Bestandteil wohl
das sg. *qouə*, ahd. *kinwan* vorliegt.

wäskə „das Wässerige in der geronnenen Milch" gebildet aus
dem Stamm *wat-*, der vorliegt in agls. *wæt*, got. *rató*, an.

vatn „Wasser" und Suffix-*isc*-. Von demselben Stamm mit anderm Suffix ist gebildet *vätzich* „wässerig", von nicht mehlreichen Kartoffeln und Kuchen aus solchen gebraucht, vgl. Heinz. pg. 123 f.

äzzich „Essig" ahd. *ęzzih*, eine merkwürdige Umstellung von got. *akeit(s)*, lat. *acetum*.

äbbḷ „Aepfel", plur. zu *abbḷ* ahd. *apful*, nd. *appel*.

blä̀ffə „einem eine Abfertigung zu teil werden lassen", „verblüffen", ist der Form nach Causativ zu nhd. dial. *bluffen* „bellen". In nhd. *verblüffen* und ndl. *verbluffen* liegt die tiefste Stufe der Wurzel vor, ebenso in sg. *bluffə*, Heinz. Wb. 27, westf. *bluffen* „bellen". Im Sg. hat also die Wurzelstufe *blaf-* das Transitivum, *bluf-* das Intransitivum gebildet, während es im Hd. umgekehrt war.

äckṛ, bòχäckṛ „die Frucht der Buche" wie md. nnd. *ęcker* zu agls. *aecern*, an. *akarn*, got. *akran* „Frucht". Vilm. 88.

väckə ein Gebäck, „Semmel" mhd. *węcke*, ahd. *węggi*, an. *veggr*. Vielleicht liegt die unumgelautete Form vor in *vaqqə*, mhd. *wacke* „Feldstein".

äckə „Ecke" ahd. *ękka*, as. *eggia*. Davon vb. *äckə* „ärgern", „quälen", eigtl. wohl „in die Ecke oder Enge treiben", davon das Iterativum *äxtrn*. vgl. Heinz. pg. 93. Weinhold, Beitr. zu einem schles. Wörterbuch 7 a.

mäckəz, ein specifisch sg. Wort, bezeichnet eine Art von Landstreichern, doch mit festen Wohnsitzen, eine Specialität des Siegerlands, die sich durch ein kleines Handelsgeschäft nur nominell, in der Tat aber durch Betteln ernährt. Ueber die Herkunft des Wortes ist viel gestritten worden. Gewöhnlich wird es von *mäkeln* „Handel treiben" abgeleitet (vgl. Freiherr von Dörnberg, statist. Nachr. aus dem Kreise Siegen. 1860—65. Siegen 1865, pg. 19). Diese Ableitung hat sehr viel Wahrscheinlichkeit. Dieses *mäkeln* scheint nämlich zurückzugehn auf das ahd. **macho* „Händler", das noch vorliegt in den Compositen *huormacho, scalchmacho* (Schade² i, 585. Graff ii, 645.). Schon hier scheint das Wort eine verächtliche Bedeutung gehabt zu haben, die auch für das sg. *mäckəz* sehr wohl passt. Dass sie nach dem Handel benannt sind, dem entspricht der Umstand, dass sie sich selbst als *hannḷsli* „Handelsleute" bezeichnen. Ueber das Umlaut be-

wirkende Suffix-*əz* siehe die Besprechung der Suffixe. — vgl.
Schmidt 107 u. XIII.

bäckl „kleines rundes Brot", dazu *šmalzbäckl* „Kuchen aus ge-
riebenen Kartoffeln" cf. Heinz. pg. 101 f., Wb. 8. aus *baqqə*
„backen", mhd. *bachen*.

In Siegen-Stadt haben wir, wie oben erwähnt, in all diesen
Wörtern für *ä* ein *ë*, also *ëzzich*, *ëbbl̥*, *mërkəz* u. s. w.

Vor gedecktem Nasal hat im Allgemeinen nur der dem
Westfälischen angrenzende ferndorfer Dialekt das offene *ä* bewahrt, während ausser dem städtischen Dialekt auch noch der
des Johannlands und mit ihm der von Eisern das *ä* durch *ë*
ersetzt haben. Wir haben also hier

këmm plur. zu *qamm*;

lëmmchə, dimin. zu *lamm*;

šmënn, *šmënnə* vb. zu dem oben besprochenen *šmant* „Rahm";

hënn, plur. zu *hant* „Hand";

ëvqə „genau", „sorgfältig" adv. zu ahd. adv. *ango*, mhd. *ange* in
der Bedeutung passend, der Form nach ahd. *angi* entsprechend.

Eine besondre Stellung nahmen im Ahd. gegenüber dem
Umlaut des *a* die Lautgruppen *h, r* + Consonant, *l* + Consonant,
wie auch Consonant + *w* ein. Diese Consonantenverbindungen
hinderten nämlich in ahd. Zeit im Oberdeutschen den Umlaut.
So in ahd. *lahhan* aus germ. **hlahjan*; *garawen*, *garwen* aus
*garawjan; obd. 2. Pers. Sing. Praes. Ind. von *haltan haltis*;
Comp. *altiro* von *alt*; obd. *ahir*. Im Fränkischen dagegen trat
der Umlaut zwar im Allgemeinen später, dafür aber auch überall ein. Frk. ist also *heltis*, *eltiro*, *ehir* für die entsprechenden
obd. Formen mit *a*. Im 12. Jahrhundert werden dann die um-
lauthindernden Consonanten auch im Obd. überwunden, und
der Umlaut tritt auf der ganzen Linie ein.

Im Sg. ist im Ganzen umgelautetes *a* vor *h* resp. *ch* und
l + Consonant genau so behandelt wie vor den meisten andern
Consonanten. Wir haben also meistens auch hier offenes *ä*,
wie es zu erwarten war:

dächr̥ plur. zu *daχ*;

rächtr̥ nom. agentis zu *raχə*;

švächr̥ compar. zu *švaχ*;

välzə „wälzen" ahd. *węlzen*;

hält 3. Pers. Sg. Ind. Praes. zu *hálə* „halten";

gəbälk „Gebälk" zu *balkə* „Balken";

gälbə „Gefäss für Flüssigkeiten" mit anderm Suffix doch desselben Stammes wie mhd. *gęlte*, ahd. *gęllita*. Das sg. Wort verbietet vielleicht Entlehnung aus lat. *galeta* anzunehmen. (Kluge⁴ 109.). Wegen des Suffixwechsels vergl. nhd. *kietze*, sg. *kéəzə* zu nhd. *kiepe* Kluge⁴ 169.

hälm „Beilstiel" entsprechend seltenem mhd. *hęlm*, *halm* „Handhabe", das vorliegt in ahd. *hęlmakis* „gestielte Axt", „bipennis" und in nhd. *Hellebarde*, mhd. *hęlmbarte*, dessen zweiter Bestandteil das ahd. *parta*, mhd. *barte* „Streitaxt" ist. Kluge⁴ 139; Schade² ɪ, 387; 42. vgl. noch ahd. as. *halm*, griech. *χαλάμη*, skr. *kalamas* „Rohr."

däll f. „Vertiefung", „Beule an einem Blechgefäss" wie hess *delle* (Vilm. 69; Heinz. 107.) ist umgelautet aus mhd. ahd *tal*, ndl. as. got. *dal*. Dem sg. Wort stehn am nächsten engl. *dell* und got. *dalja in *ibdalja* (Luc. 19, 37 bei Schade² ɪɪ, 921). Dehnung des Stammvocals liegt vor in sg. *däl* „Tal", das in Eigennamen auch als Femininum gebraucht wird.

kvälⁿ „abkochen", Factitivum zu ahd. *quęllan*, aus *qualjan.

Nur ganz vereinzelte Wörter zeigen Spuren einer besondern Behandlung des Umlauts vor *l* + Consonant:

zęəlⁿ hat das ahd. *ę* beibehalten, doch *l* wieder gutturalisirt, woher das nachschlagende *ə*, vgl. ahd. *zęllen*, agls. *tęllan* zu ahd. *zala* „Zahl."

gəsëll „Geselle" ahd. *gisęllo* von ahd. *sal* abgeleitet.

In Siegen-Stadt haben diese Wörter natürlich alle gleichmässig *ë*.

Eine besondre Behandlung erleidet der Umlaut des *a* im Sg. nur vor *r* + Consonant. Natürlich ist dabei abzusehn von den zahlreichen Fällen, wo *a* vor *r* + Consonant Dehnung erfährt und fast nie Umlaut eintritt. Aber auch da, wo *a* ungedehnt blieb, hat es im Siegenschen in den meisten Fällen dem Umlaut getrotzt; z. B. in

šbarⁿ „sperren" ahd. *spęrren* aus ahd. *sparro*.

blarⁿ „schreien" mhd. *plęrren*.

zarn ahd. *zęrren* aus *zarjan*, md. ist *zarren* bezeugt (Jeroschin's
Deutschordenschronik 18473 *zarrinde* bei Schade[2] II, 1230;
ebenda 20600 *zuzarren* bei Weinhold, mhd. Gr.[1] § 22). Das
Wort hat übrigens sg. nur die Bedeutung „vexare."
arjrn „ärgern" entspricht mhd. *argern*, ahd. *argerôn*, die neben
mhd. *ęrgern*, ahd. *ęrgerôn* stehn.
qarlə „Kerl", auch „Geliebter" wie mhd. *karl*, ahd. *karal*.
Nd. ist *kerl*, agls. *ceorl*.

Diese treue Erhaltung des *a* vor *r*, die auch sonst ripuarisch häufig vorkommt, erklärt sich aus einer streng gutturalen
md.-nd. Articulation des *r*, die von einem palatalen *r* zu ver-
schieden war, als dass sie leicht zu demselben hätte übergehn
können. Wo aber die Macht der Analogie drängte, diesen
Uebergang doch vorzunehmen, da zeigt das mouillirte *r* gleich
eine so ausgesprochen palatale Färbung, dass wir in mhd. Zeit
hier neben *ę* sogar *i* als Umlautvocal erhalten. So haben die
sg. Urkunden *irben* (sg. Uk. 266), *hirbst* (301), *irbenn* (301), etc.

Im heutigen Sg. haben wir zwar kaum mehr dieses reine
palatale *i*, aber immerhin ein ihm nahestehendes *ę*, das als geschlossener *e*-Laut genau dem ahd. *ę* entspricht. cf. Weinhold,
mhd. Gr.[1] § 38.

hęrvəst „Herbst" mhd. *hęrbest*, ahd. *hęrbist*, vgl. urk. *hirbst* (301).
ęrvə „Erbe" mhd. *ęrbe*, ahd. *ęrbo*, got. *arbja*.
ęęrmdə „Wärme" mit anderm Suffix als ahd. *warmî*.
śęęrmə zu *śuarm*.
ęrn „Hausflur" lautlich genau entsprechend mhd. *ęrn*, *ęren*,
ahd. *arin* „Fussboden", „Tenne", verwandt mit lat. *area*
cf. Heinz pg. 58; vgl. noch das nhd. dial. *Achren* (Kluge[4] 5).
dęrm, wie afris. *therm*, agls. *þearm* umgelautet, zu mhd. *darm*,
ahd. *daram*.

In zwei Fällen hat sich vielleicht das volle *i* als Umlaut
von *a* erhalten, nämlich in
irlə „Erle" ahd. *ęrila* zu agls. *alor* und in
hirliz „Hornisse" zu dem mhd. *harliz* Schade[2] I, 273. Hier
kann allerdings *i* auch Wurzelschwächung zu *a* sein. cf. hess.
hirmese Vilm. 171.

In andern Fällen scheint das schriftsprachliche *ë* eingedrungen zu sein:

ẹ̄rmṛ comp. zu *arm;*
lẹ̈rchə mhd. *lẹrche* entlehnt aus lat. *larix.*

Auch die Behandlung der Dehnung des umgelauteten *a*
im sg. Dialekt ist nur geeignet, unsre Erklärung des Umlauts
zu rechtfertigen. Dabei ist wohl zu unterscheiden, ob die
Dehnung erst eintrat als der Umlaut schon vorhanden war,
oder aber erst nachträglich, durch sekundäre Ableitungssuffixe,
gedehntes *a* dem Umlaut verfiel.

Betrachten wir zunächst den ersten Fall. Hier muss die
Dehnung zu der Zeit eingetreten sein, als der Umlautvocal
des *a* geschlossenes *ẹ* war, denn als Dehnungsvocal muss sich
ẹ́, geschlossener langer *e*-Laut, ergeben haben. Durch die Ver-
längerung erhielt nun dieser *ẹ*-Laut eine so grosse Festigkeit,
dass er, als das nicht gedehnte Umlaut-*ẹ* zu offenem *ẹ̈* herab-
sank, dieser Verschiebung und allen andern widerstehn und
sich bis heute als geschlossenes *ẹ́* erhalten konnte.

Nicht in dem Masse hatten aber die dem *ẹ́* folgenden,
durch das *i*-Suffix mouillirten Consonanten den ihnen aufge-
zwungenen palatalen Charakter zu bewahren vermocht. Nachdem das *i* des Suffixes geschwunden war, waren sie nach
einigem Zögern wieder zu ihrer ursprünglichen, natürlichen
Articulation zurückgekehrt. So folgten dem palatale Klangfarbe
tragenden *ẹ́* Consonanten von vollständig verschiedenem Lautcharakter, und, um den so eintretenden schroffen Articulations-
übergang zu vermitteln, wurde hinter dem *ẹ́* ein neutral arti-
culirter Laut eingeschoben. Dies aber konnte seiner Bestimmung nach nur der irrationale Vocal *ə* sein. Wir erhalten
demnach als Vertreter des gedehnten umgelauteten *a* im Sg.
ein *ẹ́ə*.

Beispiele:
ẹ́əsḷ „Esel" ahd. *ẹsil*, got. *asilus.*
fẹ́əṛṛ „Vetter", „Onkel" mhd. *vẹter*, ahd. *fẹtiro.*
hẹ́əvə „heben" ahd. *hẹvan, heffan*, got. *hafjan.*
gnẹ́əvḷ „Knüppel", „Knebel" ahd. *knẹbil.*
ẹ́əgḷ "lästiger, widerlicher Mensch" gehört vielleicht zu ndl.
    akelig, dem sg. *ẹ́əglich* genau entsprechen würde, sowie zu
    engl. *ake, ache* cf. Kluge[4] 68 f.

ĕʒl „Elle" mhd. *ęlle*, ahd. *ęlina*, got. *alcina*.
rę̃ʒln „wählen" ahd. *węllen* aus **waljan* von *wala* „Wahl."
šrę̃ʒrn „schwören" ahd. *swęrien*.
gʒvę̃ʒn „gewöhnen" ahd. *giwennan*, got. *vanjan*.

War nun umgekehrt die Dehnung früher eingetreten als der durch spätere Ableitungssuffixe meist nur nach Analogie bewirkte Umlaut an das *a* herantrat, so bildete man nach der Analogie des ungedehnten *a* die Umlautvocale des gedehnten, also *ā* nach dem *ä* und *āê* nach dem *ë* (vor Nasal). Schon diese Analogiebildung erweist diesen Umlaut als einen sehr späten, wie denn auch in jedem Fall die Formen mit *ā*, die als Grundlage der Umlautbildungen gedient haben, vorhanden sind. Zuweilen verzichtet auch die Sprache hier auf den Umlaut überhaupt.

Beispiele:
für *ä*: *hāschʒ* dimin. zu *hās* ahd. *haso*; *šālchʒ* „Untertasse" dimin. zu *šāl* ahd. *scala*; *hāv̧rn* „von Hafer" (z. B. Kuchen, Mehl) zu *hāv̧r* ahd. *habaro*;
für *āê*: *hāêmŗchʒ* dimin. zu *hāmŗ* ahd. *hamar*; *hāênchʒ* dimin. zu *hā* „Hahn" ahd. *hano*;
für *ā* (kein Umlaut): *glāsŗ* plur. von *glās* ahd. *glas*; *rārŗ* „Räder" plur. zu *rāt* ahd. *rad*; *blārŗ* plur. zu *blāt* ahd. *blat*.

In Siegen-Stadt steht hier überall gleichmässig *āê*: *hāêsche*; *hāêmŗchʒ*; *glāêsŗ*. Es ist das wohl schriftsprachlicher Einfluss.

Vor *r* + Consonant, wo, wie oben gezeigt, Dehnung des *a* im Sg. sehr häufig ist, bleibt das *ā* vor dem Umlaut geschützt. Ganz besonders zeigt sich das vor *r* + *w*.
färkļ „Ferkel" ahd. *farheli*;
färʒ „färben" mhd. *ęrwen*, ahd. *farawên*;
gärʒ „gerben" mhd. *gęrwen*, ahd. *garawên*;
ärvʒʒ „Erbse" mhd. *arwiz*, ahd. *arawiz*.

Es bleiben noch einige besondre Eigentümlichkeiten der sg. Mundart, die sich auf *a* beziehen, zu erwähnen. Gemeinsam mit den übrigen ripuarischen und auch vielen andern md. Mundarten ist dem Sg. eine starke Abneigung gegen die Verdumpfung von *a* zu *o*, die ja auch in der nhd. Schriftsprache

vor *l* und *n* zuweilen eintritt. (Weinhold, mhd. Gr.¹ § 22).
So haben wir:
sall „soll" ahd. *skal,* schon mhd. allgemein *sol;*
få „von" rhfk. nd. *ran*, mhd. *ron, rone,* ahd. *fona, fana.*

Niemals tritt im Sg. Verdumpfung ein beim Umlaut, da
ja ein *ö* im grössten Teil des Siegerlands überhaupt unmöglich wäre. Hier steht immer das regelrechte *ä*, städtisch *ë*:
häll „Hölle" ahd. *hęlla*, got. *halja;*
šäbbə „schöpfen" mhd. ahd. *schępfen*, as. *skępian;*
šäffə (so in altem Sinn in *ọrtšäffə* „Ortsvorsteher") mhd.
schęffe, schępfe, urk. *scheffen* (sg. Uk. 302), ahd. *scęffin, scaffin*
wohl von ahd. *scaffan;*
läff̣l ahd. *lęffil;*
läšə „löschen" ahd. *lęskan*, as. *lęskian.*

Die Dehnung haben wir ausser in *šrẹ̄rn* (pg. 26) noch in
lẹ̄v „Löwe" mhd. *lẹwe,* ahd. *lẹwo.*

Die sg. Vorliebe für reines *a* äussert sich ferner, wie im
Md. überhaupt (Weinhold, mhd. Gr.¹ § 22) im Ausbleiben des
Umlauts:
drabbə „Treppe", schon im Mhd. stehn *tręppe* und *trappe* neben
einander.

šmaqqə „schmecken", schon mhd. ist das transitive und intran-
sitive Verbum vermengt, die im ahd. *smęcchen* (activ) und
smacchen (passiv) noch getrennt erscheinen.

f̣rannrn, sẹch f̣rannrn „sich verheiraten", eigtl. „sich verändern",
nur noch archaisch gebraucht, vgl. Weinh. a. a. O. *rerandern*
Pass. K. 42, 85. *rerandern* sg. Uk. 213. Vilm 11 f.

Ziemlich häufig ist daher im Sg. auch der von Grimm
fälschlich so genannte Rückumlaut bei Verben der I. schwachen
Conjugation im Praeteritum erhalten. So haben wir abweichend
von der nhd. Schriftsprache Rückumlaut in
šdaldə zu *šdäln* „stellen" ahd. *stęllan, staljan,* Pract. *stalta,*
mhd. *stęllen*, Praet. *stalte.* Part. sg. *gəšdalt* mhd. *gestalt*, ahd.
gistalt(ér). cf. Weinhold, mhd. Gr.¹ § 367; kl. mhd. Gr.²
§ 121.

kraldə, Part. *gəkvalt*, zu *kväln* (s. o.). Eine merkwürdige Parti-
cipialbildung ist sg. *gəkraldə* in *gəkraldənə dọf̣ḷn* „Pellkar-
toffeln", eigtl. „abgekochte Kartoffeln."

saddə, Part. *gəsatt*, zu *sätzə* ahd. *sęzzan*, got. *satjan.* vgl. das

mhd. Praet. *sazte* und *satte*, sowie urk. *versatt* (sg. Uk. 261),
untentsatten (270), *versast* (312), *virsast* (313).

šraddǝ, Part. *gǝšratt*, zu *švätzǝ* „schwatzen" mhd. *swętzen*.

vaddǝ, *gǝvatt* von *vätzǝ* mhd. *wętzen*, Praet. *wazte*, ahd. *hwazzan*,
węzzen, agls. *hwętjan*.

šaddǝ, *gǝšatt* von *šätzǝ* mhd. *schętzen*. Anders gebildet sind
mhd. *schatzen*, ahd. *scazzón*.

Andrerseits haben wir ein paar Fälle zu besprechen, wo
das Sg. abweichend von den meisten hd. Mundarten das *a* umgelautet hat. Es ist da zunächst der eigentümliche Umlaut vor
š, der sich nach Behaghel (P. G. I, 3, pg. 560) auch in alemannischen sowie in westfälischen Dialekten (Soest, Ronsdorf)
findet. Auch im Ndl. kommt er vor. Umlautvocal ist natürlich *ä*, sg. st. *ë* cf. Heinz pg. 17. vgl. *frës* (pg. 43).

fläšǝ „Flasche" ahd. *flasca*, ndl. *flesch*.

väšǝ „waschen" ahd. *wascan*.

däšǝ „Tasche" ahd. *tasca*. Auch ein mhd. *tęsche* ist bezeugt.
cf. Schade[2] II, 923.

äšǝ „Asche" ahd. *asca*; vgl. mhd. *ęsche* neben *asche*. Schade[1]
I, 32.

š scheint selbst dann umlautend gewirkt zu haben, wenn
noch Consonanten zwischen ihm und dem *a* standen:

âš (*â* nach Analogie von *ä*) „podex" zu mhd. ahd. *ars*; vgl.
agls. *ears* und mnd. *ęrs* neben *ars*; sg. st. haben wir *âš*
wohl unter schriftsprachl. Einfluss.

hƏnš (*ë* für *ä* vor Nasal) „Handschuh."

Auch *ch* scheint in ähnlicher Weise Umlaut bewirkt zu
haben:

mǝnchr „mancher" zu ahd. *manag*. vgl. ndl. *menig*.

nächt „Nacht" ahd. *naht*, got. *nahts*, lat. *nox*; vgl. agls. *neaht*,
neht.

Das germ. e (ë).

Im Gotischen ist das germ. *ë* im Allgemeinen durch *i* vertreten; nur vor *r* und *h* ist der e-Laut erhalten, von Wulfila-
Jak. Grimm durch *ai* bezeichnet. Da nun ursprüngliches *i* vor
eben diesen Lauten zu *ai* gebrochen wurde, so fielen *i* und *ë*
im Gotischen völlig zusammen.

Grosse Einbusse erlitt das germ. *ë* auch im Westgermanischen. Hier wurde es zu *i* gewandelt, wenn in der folgenden Silbe ein *i*, *j* oder ein gedeckter Nasal, meistens auch, wenn ein *u* folgte. Das so entstandene westgerm. *i* ist völlig mit dem germ. *i* zusammengefallen und mit diesem weiter unten zu behandeln.

Andrerseits behandeln wir hier unter dem *ë* die germ. *i*, welche durch ein folgendes *a* zu *ë* gebrochen wurden. (s. pg. 33).

Zunächst nun ist das Verhältnis des *ë* zu dem Umlaut-*ę* näher ins Auge zu fassen. Während wir sahen, dass das *ę*, ursprünglich ein ganz geschlossener Laut, später allmählich sich dem *a* näherte, blieb das *ë*, welches ursprünglich offen war, im Lautwert unverändert und bewahrte denselben in den meisten Dialekten bis auf den heutigen Tag. So erklärt sich am leichtesten die Verschiedenheit des *ë* und des *ę* in ahd. Zeit und das spätere Zusammentreffen beider Laute, als *ę* dem *a* zustrebte. So erklärt sich endlich auch der Umstand, dass nach dem Ausgleich des 13. Jahrhunderts die Entwicklung beider Laute in den meisten Mundarten wieder getrennt vor sich ging. (Weinhold, kl. mhd. Gr.[2] §§ 5; 22.)

Wir haben daher auch heute in sehr vielen Dialekten völlige Trennung von *ë* und *ę*. (Behaghel P. G. 1, 3, pg. 561.) Sind auch die einfachen Laute *ë* und *ę* vielfach nicht auseinander gehalten, so sind sie wenigstens in der Dehnung differenzirt, da hier ausgleichende Tendenzen sich nicht so leicht geltend machen konnten.

Auch im Sg. hat es Interesse, dass heutige Verhältnis von *ë* zu *ę* näher ins Auge zu fassen. Auch hier sind beide Laute auf dem ganzen Gebiet auseinandergehalten nur in der Dehnung: gedehntes *ę* gab *ēǝ*, gedehntes *ë* gibt naturgemäss langen offenen *e*-Laut, *ǟ*. Unverlängert ist dagegen *ë* im grössten Teil des sg. Sprachgebiets mit *ę* zusammen gefallen. So haben wir in Siegen-Stadt das schriftsprachl. ausgleichende *ë*, in Ferndorf das offene *ä* für *ë* wie für *ę*. Nur im südöstl. dem südfrk. Nassau benachbarten Johannland ist auch die einfache Kürze des *ë* von dem *ę* geschieden. Während wir hier *ę* durch *ä* vertreten sahen, wurde hinter dem seinen offenen Lautcharakter beibehaltenden *ë* ein Stimmvocal vor dem Consonanten eingeschoben, den wir füglich wieder durch ə bezeichnen. Ahd. *brëhhan* erscheint also im Sg.: sg. st. als *brëchə*, fdf. als *brächə*, eis. joh. als *brëᵡə*.

Beispiele:

ёt „es" mhd. *ëz*, ahd. *iz*, got. *ita*. Daneben die enclit. Form *ət*.

ёəzzə „essen" ahd. *ëzzan*, got. *itan*.

gёəstrn „gestern" ahd. *gёstaran*, got. *gistra-[dagis]*.

blёəz „Scheuerlappen" stimmt lautlich wohl zu ahd. *plёz*, unklar aber ist das Verhältniss zu got. *plats*. Ein ahd. **plёz*, umgelautet aus got. *plats*, müsste sg. joh. **blёz* lauten, auch wäre der ahd. Umlaut durch nichts begründet. cf. Vilm 303.

sёəpp „schief" stellt sich zu nhd. mundartl. Formen wie hess. *sёp* Vilm 344, schwäb. *sёps*, und lässt auf ein mhd. *schёp* schliessen. Kluge⁴ 300.

rёəffə „schelten", „tadeln" zu mhd. *rёffen* neben *refsen* aus ahd. *rafsjan*, *rafsan*. Schade² ii, 698.

blёəqq „bloss" zu mhd. *blёczen*, ahd. *plёcchazzen* „blitzen", gr. φλέγω. Dazu auch sg. *blёəᵡ* „Blech" ahd. *plёh*, schwed. *bleck*.

lёəqqə "lecken" ahd. *lёcchōn*.

sёəᵡ „Pflugmesser" ahd. *sёh*, Schade² ii, 749; Kluge⁴ 323. Davon *sёchl* „Sichel" ahd. *sihhila* mit *i*-Suffix. vgl. lat. *secare*.

krёəᵡə „gedörrtes Kartoffelstroh" entspr. dem nd. *quёcke*, ndl. *kweek*, agls. *cwice*.

fёəll ahd. *fёl*, got. [*pruts*]-*fill*.

fёəlt „Feld" ahd. *fёld*, engl. *field*.

hёəlfə „helfen" ahd. *hёlfan*, got. *hilpan*.

bёərch „Berg" ahd. *bёrg*.

sdёərkə „junge Kuh, die noch nicht gekalbt hat", ein nd. Wort, wohl zu got. *staira* „unfruchtbar", lat. *sterilis* gehörend. Kluge⁴ 338.

sdёərrə „sterben" ahd. *stёrban*.

nёəmmə „nehmen" mit nachträglich erst verdoppeltem *m*, da sonst *i*, sg. *ё* hätte eintreten müssen. ahd. *nёman*, got. *niman*.

Die Dehnung des *ё* ergibt, wie bereits oben erwähnt, offenen langen e-Laut, *ёё*, wobei vor echtem *r* sich ein Stimmvocal (ə) entwickelt. Heinz. pg. 18 f.

Beispiele:

braet „Brett" ahd. *brēt*.

baērə „beten" ahd. *bētôn*, got. **bidan*.

aēryn „etwas (bes. gehacktes Holz) in bestimmter Ordnung aufschichten", so dass ein „*aēry*" entsteht, schon von Heinz. pg. 109 richtig zusammengebracht mit mhd. *ēter*, ahd. *ētar* „geflochtener Zaun", auch „umzäuntes Land". as. *ēdor*, an. *iaðarr*, langbd. *ider*. Schade² 1, 154.

laēsə „lesen" ahd. *lēsan*, got. *lisan*.

baēsṃ „Besen" ahd. *bēsamo*.

fraērḷn in der seltsamen verengten Bedeutung „Holz stehlen" zu nhd. *freveln* von mhd. *vrevel*, ahd. *fravili*. Hier scheint Vertauschung von *ē* und *ę* vorzuliegen.

šraērḷ „Schwefel" ahd. *swëral*, got. *sriðls*.

laērə „leben" ahd. *lëbēn*, got. *liban*.

blaējə „pflegen" ahd. *pflëgan*.

blaēkə „schreien" ist wohl ein nd. Wort und entspricht genau nd. *bleken*, das dann *ē* haben muss. Davon nhd. *blöken*. Heinz. Wb. 23.

šdaēər „Widder" ahd. *stëro*.

aēər „Erde" ahd. *ërda*, got. *airþa*.

haēərt „Herd" ahd. *hërd*.

raēərn „währen" ahd. *wërēn*; vgl. damit *rēərn* ahd. *weren*, *werian*.

zraēərš „quer", „verkehrt". „querköpfig" mhd. *twërch*, ahd. *dwërah*, got. *þwairhs*. Dass übrigens in diesem Wort sg. *zw* aus mhd. *tw* gegenüber nhd. *qu* nicht charakteristisch ist für das Sg. zeigt sg. *kwätš* „Zwetsche" cf. Kluge⁴ 403.

maēl „Mehl" ahd. *mëlo*.

raē „Regen" ahd. *rëgan*, got. *rign;* vgl. engl. *rain*.

Vor *r* und *h*, die hier, ganz besonders wenn *i* oder *e* folgte, palatale Articulation gehabt haben müssen, scheint in mhd. Zeit *ē* in der Aussprache häufig zu *i* geneigt zu haben. Das beweisen urkundliche Schreibungen wie *Hirren* (245), *herbrige*, *hirbrige* neben *herberge* (266), *sient* (130; 131; 132; 140; 169; 211 etc.), *geschien*, *virtzienhundert*, *zienden*, *ziehenden*, *zinden* (Manger, die sg. Orte Wilnsdorf, Wilgersdorf und Rödgen. pg. 8 f.) *rumftzien* (sg. Uk. 268.). Weinhold, mhd. Gr.¹ § 113.

Durch unter Ausfall von *h* eingetretene Contraction sind einige von diesen geschlossenen *e* als *ê* festgehalten worden. Belege dieser Contraction haben schon die Urkunden, sofern in den Schreibungen *seynt* (152; 188; 191), *seyn* (267; 333), *sein* (285), *zeynden* (293) die ndfk. Schreibung von Diphthong für langen Vocal vorliegt. (Behaghel: P. G. ı, 3, pg. 565.) — vgl. Weinhold, mhd. Gr.¹ § 68. ² §§ 52. 53.

Hierher gehören:

sê „sehn" ahd. *sëhan*, got. *saíhvan*; vgl. md. *sên, sin, sien* Schade ² ıı, 749, ndl. *zien*.

gəsê „gesehehn" ahd. *gisëhan*, mndl. *geschien*.

zê „zehn" ahd. *zëhan*, got. *taíhun*, ndl. *tien*, agls. *týn*.

Vor *r* hat sich für *ë* geschlossener *e*-Laut nirgends erhalten. Hier ist im Gegenteil das *r* durch einen folgenden *a*- oder *o*-Vokal guttural geworden, und diese Articulationsänderung hat oft in der Weise auf das vorhergehende *ë* gewirkt, dass es zu *a* gewandelt wurde. Das geschah in

harzə „Herz" ahd. *hërza*, got. *haírtó*, vgl. mklbg. *hart*. Daneben schon das schriftsprachliche *hëërzə*.

baršdə nur noch gebräuchlich in dem Ausdruck *bârštläxə* „ein Lachen, dass es zum Bersten ist." cf. agls. *berstan*, ndl. *bersten*, dafür ahd. *brëstan*. Weinhold, mhd. Gr.¹ § 23.

harr „Herr" ist zwar schon fast allgemein durch das schriftliche *hëërr* ersetzt, doch ist es noch fest in der bedauernden Interjection *aô harr!* „o Herr!" Dass sich gerade hier das alte *a* erhielt, erklärt sich einmal aus der Festigkeit solcher Termini im Allgemeinen, dann aber auch aus einer gewissen Scheu, den Namen Gottes mit *hëërr* auszusprechen. Aus demselben Bedürfnis erklären sich Verwünschungen wie *dənnrlëërr* statt *dənnrvëërr, dənnršdáx* statt *dənnršláx, barár dr šimml* statt *barár dr himml*; vgl. auch das sächs. *Gott Strambach!* „Gott straf mich!", sowie dialekt. *kriegst die Motten!* = „Christi Martern!"

Das Lehnwort *pärt* „Pferd", mhd. *pfërt, pfërit* aus mlat. *paraveredus* gehört dagegen wohl nicht hierher.

Aus einer analogiehaften Einwirkung des *i* der folgenden Silbe erklärt sich das *ę* in sg. *ręlich* „welcher"? mhd. *wëlch, wëlich*. vgl. das urk. *wilch* (187, 195, 260, 266, 310, 320, 332), sowie obd. *welch* mit geschl. *e*-Laut, und auch obd. *fels*, ahd. *felis*; cf. Behaghel in P. G. 1, 3, pg. 562. Weinhold, mhd. Gr.[1] § 39.

Das germ. i.

Das germ. *i* erhielt bedeutenden Zuwachs an den *i*, die vor *i* (*j*), gedecktem Nasal und *u* aus ursprünglichem *ë* entstanden und vollständig in die Reihen der idg. *i* eingerückt sind. Audrerseits wurde es im Hd. in seinem Bestand dadurch geschmälert, dass *i* bei *a* der folgenden Silbe zu *ë* gebrochen wurde. (s. pg. 29).

Im Mnd. wurde *i* in offener Silbe zu *e* gesenkt. Diese Erscheinung drang vom Nd. auch in das Md. und sogar in obd. Mundarten, wie das Schwäbische. Ebenso verbreitete sie sich auch von offener Silbe über geschlossene Silben. vgl. Wülcker: „Betrachtungen auf dem Gebiete der Vocalschwächung im Mbd., bes. im Hess. und Thür.“ Frankfurt a. M. 1868. Weinhold, mhd. Gr.[1] §§ 32. 33.; kl. mhd. Gr. § 25. Behaghel P. G. 1, 3, pg. 562.

Die sg. Urkunden haben zwar *i* meistens noch erhalten, indessen sind auch die Senkungen des *i*-Lautes zu *e* schon sehr zahlreich. So lesen wir *desen* (191, 260, 211), *weder, verzegen* (191), *vircegin* (214), *innesegil* (211), *ingesegil* (212), *ingesegele* (260, 263), *ingesegeln* (266), *besegilt* (212), *vorgeschrebin* (212), *seben* (235), *medegabe* (266), *ere* (293), *burchfrede* (260). Zur Zeit der Abfassung dieser Urkunden, zwischen 1250 und 1350, mag die Schreibung *e* für *i* gerade in der Entwicklung begriffen gewesen sein. Das zeigen uns Schreibungen wie *widirrede* (195), *ingesiegel* (244), *ingesiegil* (245), *diesen* (250), die keineswegs unsern nhd. gleichwertig sind, wie auch das Vorkommen von *i* und *e* in derselben Urkunde nebeneinander: 212: *desin, desir, dese, diser*; 28: *besegeln, ingesigelin*.

Heute ist die Senkung des *i* zu *e* im Sg. wie auch sonst rip. mit wenigen Ausnahmen in offener wie in geschlossener Silbe ganz allgemein durchgedrungen. Das Ripuarische, und damit auch das Siegensche, gibt hier, wie noch öfter wieder, ein Beispiel, dass es eine ursprünglich vom Nd. übernommene Lauterscheinung viel mannigfaltiger entwickelt und viel besser

bewahrt hat als das Nd. selbst. Noch schärfer aber als
von dem Nd. scheidet sich das Sg. hier von dem angrenzenden südfrk. Nassauischen, welches das *i* in sehr zahlreichen
Fällen ungeschwächt erhalten hat. cf. Heinz. pg. 19 f.

Die Zahl der erhaltenen germ. *i* ist im Sg. sehr klein.
Wir haben es vor *r*, das damit wieder die schon beim *ë* be-
wiesene Vorliebe für palatalen Laut documentirt. Hierdurch
tritt der siegener Dialekt in strikten Gegensatz zum Gotischen,
wo ja *i* vor *r* gebrochen wird. Es ist daraus auf gänzlich
verschiedene Articulation des *r* zu schliessen.

Beispiele:

hirdɔ „Hirt" ahd. *hirti*, got *hairdeis*.

virt „Wirt" ahd. *wirt*, as. *wërd*, got. *vairdus*.

hirš mhd. *hirz*, ahd. *hiruz*, agls. *heort*. Neben diesem gewöhnlichen *hirš* findet sich sg. die alte Form *hirz* wie auch hess.
und alemann. (Kluge⁴ 144) erhalten. Wir haben sie noch
in *gɔhanzhirz* „Hirschkäfer", so genannt, weil er um Johanni,
gɔhanzdâχ, zu fliegen pflegt. cf. Vilm. 171.

širrl „Scherbe", dann auch mit merkwürdiger volksetymolo-
gischer Uebertragung „Schädel", zu mhd. *schirbe* neben
schërbe, ahd. *scirbi*; vgl. des Suffixes wegen lett. *schkérpele*
„Holzspan". Kluge⁴ 299. Das Wort zeigt Schwächung des
Stammvocals von sg. *šárvɔ*. (s. pg. 18).

birkɔ „Birke" ahd. *birriha*, ndl. *berk*.

kirchɔ ahd. *chirihha* aus wallis. *cyrch*, *cylch* Schade² i, 491.

zvirn mhd. *zwirn* zu ahd. *zwirnén*.

hirn ahd. *hirni*.

kirn „Butterfass", dazu das vb. *kirn* „buttern", auch sonst in
nhd. Mundarten noch häufig (Heinz. pg. 58; Schmidt 79;
Vilm 199), vgl. oberpfälz. *kern* „Rahm". Dazu agls. **čirne*,
*čyrne, ndl. *karn*, an. *kirna* „Butterfass", ferner agls. *čyrnan*,
engl. *to churn*, ndl. *karnen* „buttern", isländ. *kjarne* „Rahm".
Schade² ii, 690; Kluge⁴ 167.

Unorganisch steht *i* in *kirrl* „Kerbel", mhd. *kërvele*, ahd.
kërvola, wahrscheinlich entlehnt und entstellt aus lat. *caerifolium*.

Das Wittgensteinsche muss stark gutturales *r* gehabt haben,
denn wir haben hier wie hessisch stets Brechung des *i* vor *r*

(Heinz. pg. 27; Vilm pg. 200.) Solche Formen sind nun an der Ostgrenze auch ins Siegerland eingedrungen. So in hilchb. *kĕrchə*, wilnsdf. *hĕrdə*.

Stets tritt auch sg. Brechung ein vor *rr*, was wohl aus der grossen Intensität des Reibelauts zu erklären ist. Brechungsvocal ist *ę* mit nachgeschlagenem *ə*:

ęərr „irre“, ahd. *irri*, agls. *yrre*, got. *aírzeis*.

sęch ręərn aus *ręərren zu ahd. *wërran*.

gešęərr „Geschirr“ mhd. *geschirre*, ahd. *giscirri*.

Im Gegensatz zu *rr* haben *ll* und die geminirten Nasale, oft auch *l* und Nasal + Cons., zuweilen, doch nicht immer, die Fähigkeit *i* ungeschwächt zu erhalten. Diese Erscheinung ist in Eisern häufiger als in der Stadt, was wohl auf sdfrk. Einfluss beruht.

šbillmä „Spielmann“ zu ahd. *spilón*, eis. *šbiln*, sg. st. *špęln*.

bilt ahd. *bilidi*; sg. st. *bęlt*.

himml, sg. st. *hęmml*, ahd. *himil*, got. *himins*.

kinn, sg. st. *kęnn*, ahd. *chinni*.

kinnchə dimin. zu *kęnt*, *kęənt* „Kind“.

šrinn „schnell“ mhd. *swinde*, got. *swinþs*, an. *svinnr*.

In weit zahlreichern Fällen steht jedoch auch in Eisern *ę*. Beispiele pgg. 37. 38.

Im Dialekt des Ferndorftals bleibt *i* auch erhalten vor *v*, das sich hier aus *n* + Muta im Inlaut entwickelt:

sivə „singen“ ahd. *singan*, got. *siggvan*.

fivə „finden“ ahd. *findan*.

kivr „Kinder“, plur. zu ahd. *chind*.

Im Auslaut bleibt die Muta erhalten und tritt damit Senkung des *i* zu *ę* ein: *kęnt*, *vęnt* etc.

Vor allen übrigen Consonanten tritt sg. consequent die Senkung des *i* zu *ę* ein. Während nun in den übrigen sg. Mundarten dieses Senkungs-*ę* sich überall gleichmässig zeigt, bietet mit der johld. die Mundart von Eisern eine Entwicklung, die dadurch hochinteressant ist, weil sie uns vielleicht die ahd. Brechung des *i* zu *ë* erklären kann. Hier bleibt nämlich das Senkungs-*ę* unversehrt nur dann, wenn *i* oder *j* in der folgenden Silbe steht resp. gestanden hat. Stand dagegen hier ein andrer, dumpfer Vocal, so übertrug sich dessen Klangfarbe auf den vorhergehenden Consonanten, und dieser Vorgang findet dadurch seinen Ausdruck, dass hinter dem palatalen *ę* ein vermittelndes, neutrales *ə* eingeschoben wird. So erhalten wir hier für *i* ein *ęə*, das wohl zu unterscheiden ist von dem für *ë* eintretenden *ëə*. Dieser Unterschied tritt in der Aussprache klar zu Tage in sg. *sëəlvr* „selbst" ahd. *sëlb*, got. *silba* und sg. *sęəlvr* „Silber" ahd. *silbar*, got. *silubr*.

In dieser Lauterscheinung des Sg. haben wir wohl die Anfänge einer neuen Brechung von *i* zu *ë* zu erblicken, welche zwar weitere Grundbedingungen hat als jene erste hochdeutsche Brechung aber trotzdem geeignet ist, uns einen Blick in das Wesen derselben zu eröffnen. Ist dies richtig, so haben wir in der nd. md. Senkung von *i* zu *ę* nichts als die Vorstufe zu einem sich vorbereitenden zweiten grossen Uebertritt von germ. *i* zu *ë* vor uns. So wirken Lautgesesetze noch jahrhundertelang nach, wenn auch ihre Grundbedingungen längst verschwunden sind.

Erläutern kann man das Verhältnis von *ę* zu *ęə* an eis. *męddə* „Mitte, mhd. *mitte*, ahd. *mitti* gegenüber adj. *męəddə* „mitten", „mitten befindlich" zu ahd. *in mittamen* von *mittamo*. Ebenso *męsdə*, ahd. *mistina* „Düngerstätte" zu *męəst* ahd. *mist*, got. *maihstus* „Dünger".

Beispiele für *ę*:

sętzə ahd. *sizzan*, as. *sittian*.

šmętzə, sęch šmętzə „sich mit Russ beschmieren", verengte Bedeutung zu mhd. *smitzen*, ahd. *smizzen, smizjan*. Dazu *šmętz* „Russflecken". Eine andre Stufe der Wurzel hat mhd. *smutz*, (Wz. *smut-*). cf. hess. *schmitzlich*, Vilm. 359.

dęstl „Distel" ahd. *distila*.

dęšr „zwischen" aus ahd. *in zwiskên* von *zwiski*. Das Sg. hat hier *t* nicht verschoben, wie auch die urk. Formen bezeugen, die freilich oft *twi* zu *tu* gewandelt haben: *twischen* (sg. Uk. 28), *tusschen* (191), *tüschen* (229), *tuschen* (268) etc.

męssə „entbehren" mhd. ahd. *missen*, got. **missjan* ist nicht belegt.

rębbə zu ahd. *rippi* neben *rippa*.

šblęckə „spalten“ (Heinz. pg. 75.), nass. *splicken* (Kehr. 384.) gehört offenbar zu dem Stamm von nhd. mhd. *splitter*, sg. *šblęddr*, engl. *split*. Dazu als Hochstufe sg. *šblizzə*, Tiefstufe (*spl̥t-*) sg. *šbálə*, cf. mhd. *splizen* und ahd. *spaltan*.

bęckl̥ „Salzbrühe“ ist ein ursprünglich nd. Wort. Es entspricht holl. *pekel* und engl. *pickle*, das uns geläufig ist in dem Namen des Hanswurstes der Schaubühne des 17. Jahrhunderts, *Pickelhering*. Davon nhd. *Pökel* cf. Kluge⁴ 265.

vęckə (c. dat. pers., acc. rei) „im Stillen Jmd. etwas geweiht, gewünscht haben“, z. B. *ainm̥ šlęi vęckə* „jemand zu prügeln beabsichtigen“, stellt sich der Form nach zu nd. md. *wicken* „wahrsagen“, „zaubern“, „praestigiari“, ags. *wiccjan*, auch in Hessen bekannt (Vilm. 454), cf. Schade² II, 1155; vgl. nd. *weerwikker*, „Wetterprophet“, *wikkroode* „Wünschelrute“. Das sg. Wort ist vielleicht geeignet mit seiner Bedeutung zwischen diesem nd. md. *wicken* und dem schon von Grimm (D. Myth.² pg. 986) dazu gestellten ahd. *wihan*, mhd. *wihen* (Part. *gewigen*), wozu *erwigen* „vornehmen“, „in Angriff nehmen“, zu vermitteln.

bręŋkl̥ „kleine Talschlucht mit Quellen“ ist der Form nach dimin. zu nd. *brink* „grüner Hügel“, engl. *brink* „Uferrand“, schwed. *brink*, an. *brekka* „Abhang“. Vilm. 58.

męll „mild“ ahd. *milti*, got. *mildeis*.

šęlliv bedeutet sg. die Zwölfzahl in gewissen Verbindungen (*n̥ š. air̥, n̥ š. šanzə* u. ä.); ahd. *scilling*, got. *skilliggs* bedeuten wohl eigtl. „klingende Münze“, von *sköllan* „tönen“ gebildet. Wegen der Zwölfzahl vgl. 1 engl. *shilling* = 12 pence.

Beispiele für *ęə*:

vęətt „aus Reisern gedrehter Strick“ entspr. ahd. *wid*, md. *widde* (nhd. bair. *wid*), sowie slav. Wörtern vgl. Heinz. pg. 119 Schade² II, 1136. Dazu ahd. *wëtan*, got. *widan*, Schade² II, 1136. Nasalirung zeigt ahd. *windan*, davon sg. *vęnsl̥* „aus Stroh gedrehter Strick“.

glęətt „Glied“ ahd. *gilid*, got. *lipus*.

bręəddə „ein Complex von Stämmen, die aus einer Wurzel wachsen“. Es geht wohl zurück auf got. *wripus* „Trupp“, „Rudel“, „ἀγέλη“, vgl. ags. *wräð* „Trupp“, dän. *vraad*. Schade² II, 1207.

brǝst f. „Rücken des Fusses" entspricht ahd. *wrist*, hess. *frist* (Vilm. 111), agls. *wrist*.

nǝbbǝ, lautlich dem nhd. *nippen* entsprechend bedeutet sg. „einschlummern", „einnicken", dazu führt Heinz. pg. 77 mhd. *nipfen*, agls. *hnipan*, an. Die urspr. Wurzel ist wohl *hnīq-*, weshalb nhd. *nicken*, ahd. *hnigan*, lat. *conivere* und got. *hnei- van* „χλἰνειν" (Schade[2] I, 409. Kluge[4] 245) hierher gehören können. Die Stufe *hnuq-* läge dann vor in sg. *nubbǝ* „Neigung", „Lust", cf. Vilm. 287.

lǝbbǝ „Rockschoss", „ora vestis" ist lautlich dasselbe Wort wie das von Luther aus dem Nd. (agls. *lippa*, ndl. engl. *lip*) herübergenommene nhd. *Lippe*. Diese Wörter enthalten wohl sicher die Tiefstufe zu and. *lap*, agls. *leap* „ora vestis" (Schade[2] I, 535.) Dazu gehört sicher wieder ahd. *lappa*, agls. *lœppa*, an. *lappi*, sg. *labbǝ* mit vb. *labbǝ* wie mhd. *lappen* „flicken". Es bedeutet also nhd. *Lippe* wohl weiter nichts als „Läppchen" und gehört zu lat. *labrum*, wovon lat. *lambo* wie auch ahd. *laffan* erst Ableitungen sind. (Kluge[4] 214.) Als nasalirte Wurzeln treten dazu sg. *lǫmbǝ* „Lumpen" (*lṃb-*) und vielleicht die Bezeichnung der Tierfabel für den Hasen *Lampe* (Wz. *lṃb-*), die dann von den langen Ohren, (jagd- techn. den „Löffeln"), hergenommen wäre. (Kluge[4] 199.) vgl. noch comasc. *lapina* „Ohrfeige" (Schade[2] I, 536).

šǝff „Schiff" ahd. *scif*.

šdǝχ „Stich" und „plötzliche Steigung" ist wohl auch lautlich eine Combination von ahd. *stich* und *stëga*.

rǝqq „Reck zum Kleideraufhängen" entspricht mbd. *ric* laut- lich genau. Schade[2] II, 715.

šǝlt „Schild" ahd. *scilt*.

šdǝmm „Stimme" ahd. *stimma*, got. *stibna*.

šbǝnn „spinnen" ahd. got. *spinnan*.

grǝnn „Spinne", ein eigentüml. Wort, es ist vielleicht das mhd. *krinne*, ahd. *chrinna* „Kerbe", Einschnitt", und wäre dann die Spinne im Sg. nach ihrem Körperbau benannt. (vgl. Insect von *secare*.)

vǝnt „Wind" ahd. *wint*, got. *vinds*.

brǝnǝ „wringen" mhd. *wringen*, ahd. *hringan*. Heinz. Wb. 36.

sǝnkǝ „sinken" ahd. *sinchan*, got. *sigqan*.

Auffällig gegenüber schriftsprachl. *bringen* ist sg. *brĕvɔ.* Hier war *ĕ* für *i* im Md. von jeher besonders beliebt. cf. Weinhold, mhd. Gr.[1] § 32. Das *ĕ* scheint hier nd. zu sein: mnd. *brengen,* as. *brengian;* vgl. sg. Urk.: *brengen* 266. 320.

Sg. *šbĕɔtz* „spitz" deutet auf eine Form ohne *i*-Suffix neben ahd. *spizzi.* Dafür spricht auch das subst. *šbᶒtzdɔ* „Spitze".

Eine eigentümliche Entwicklung zeigt *i* vor urspr. *g.* Hier scheint die Dehnung der offenen Silbe sehr früh eingetreten zu sein. worauf dann *g* sich zu *j* erweichte. Das so entstandene *ij* vor Vocal fasste man nun als ein urspr. *i* auf, aus dem vor Vocal das *j* entwickelt worden wäre, (s. unter dem *i*). behandelte es genau wie dieses und es ergab sich ein *ĕj.* So konnte im Sg. ahd. *igel* „Igel" zusammenfallen mit ahd. *ūwila,* mhd. *iuwel,* indem sieg. für mhd. *iu* ein *i* eintrat. Sg. *ĕįͅ* bedeutet also sowohl „Igel" als „Eule".

rĕįͅ „Riegel" ahd. *rigil.*

dĕįͅ „Tiegel", [ahd. *tĕgal*], nord. *digull.*

šdrĕįͅ „Striegel" ahd. *strigil* und

sĕįͅ ahd. *sigil* sind lat. Lehnwörter.

In Siegen-Stadt haben wir hier die regelmässigen Formen *ᶒil, rᶒil* etc. In ganz östlich gelegenen Dörfern spricht man dagegen das alte reine *i: siįͅl, riįͅl,* wobei man nach falscher Analogie sogar Formen wie *fiįͅl* „Vögel". eis. *fĕįͅl* bildet, was uns beweisen kann, dass auch dort einmal *ĕįͅ* vorhanden gewesen ist.

Abweichend vom Nhd. haben wir im Sg. die alte volle Brechung des *i* zu *ĕ* — also eis. *ĕɔ,* sg. st. *ĕ,* fdf. *ä* — in einigen Formen des Fürworts der 3. Person, was wohl auf nd. Einfluss beruht. Wir haben also:

ĕɔmm, dat. sing., ahd. *imo;* cf. mndl. *hem,* mengl. *hem* neben *him.*

ĕɔnn, acc. sing. und dat. plur., ahd. *inan, in* resp. *in,* mndl. *hen.*

ãᶒɔr, dat. sing. fem., ahd. *iru,* mndl. *her,* mengl. nengl. *her.* cf. Heinz. pg. 22. Weinhold, mhd. Gr.[1] §§ 458; 459.

Interessant sind im Sg. die Verhältnisse der ablautenden Verba der *i*-Klasse (3. u. 4. Klasse der ablautenden Vb.) im Sing. des Praesens. Im Dialekt von Eisern hatte das *i* des Suffixes in der 2. u. 3. Pers. Sing. die Kraft, bei den Verben mit gedecktem Nasal das lautgesetzlich entstandene *i* vor der spätern, eben beginnenden *sg*. Brechung zu schützen, bei den andern Verben das urspr. *ë* zu *i* zu wandeln. Eis. steht also in diesen Formen immer *ẹ*, da *i* nachträglich zu *ẹ* geschwächt wurde; also *nẹmst, nẹmt* (mit urspr. einf. *m*) und *šrẹmst, šrẹmt* (mit urspr. gemin. *m*). In der ersten Pers. Sing. haben wir dagegen *nëǝmmǝ*, Inf. *nëǝmmǝ* und *šrẹǝmmǝ*, Inf. *šrẹǝmmǝ*. Hier sind also die alten Lautverhältnisse noch viel klarer als in der Schriftsprache, wo für *ẹ* und *ẹǝ* gleichmässig *i*, für *ëǝ* aber *e* steht, und auch deutlicher als in Sg. St., wo *ẹǝ* und *ẹ* gleichmässig durch *ẹ*, *ëǝ* durch *ë* vertreten ist. cf. Heinz. pg. 22.

In den von Heinz. pg. 21 angeführten Verbalformen *sist*, *sitt* und *gǝšitt* zu *sê* und *gǝšê* ist die Erhaltung des *i* nicht, wie H. meint, aus dem blossen Ausfall von *h* zu erklären. Es ist vielmehr, nachdem *ë* vor *i* der Endung lautgesetzlich in *i* übergegangen war, unter Ausfall von *h* Contraction eingetreten, wie auch im Infinitiv (s. pg. 32). Da dieselbe vor der *sg*. Schwächung von *i* zu *ẹ* eintrat, so entstand als Contractionsvocal *î*, das dann lautgesetzlich zu *i* verkürzt wurde.

Noch anders sind die Formen *zist, zitt* zu erklären, wo *i* als Verkürzung aus *î* steht, das vor *i* der Endung der lautgesetzliche Vertreter von germ. *eu* ist. (s. unter *eu*).

In urspr. offener Silbe wird das zu *ẹ* gesenkte *i* auch gedehnt. Hinter dem so entstandenen *ê* behält im Allgemeinen auch der folgende Consonant seine palatale Färbung. Nur *r* macht eine Ausnahme, das zeigt der davor eintretende Stimmvocal *ǝ*.

Beispiele:

gǝrêrǝ ahd. *garitan*, Part. zu *rirǝ* „reiten.“
vês „Wiese“ ahd. *wisa*.
kêsḷ „Kiesel“, auch noch „Hagel“, „Schlosse“ wie ahd. *chisil*.
sêvǝ „sieben“ ahd. got. *sibun*.
fê „Vieh“ ahd. *rihc*, got. *fihu*.
vêj „Wiege“ ahd. *wiga*.
dêl „Diele“ ahd. *dili*.

šrêl „Schwiele" ahd. *swilo.*

šmëᴣrn „schmieren" mhd. *smirn,* ahd. *smirwen.*

Eine eigentümliche Erscheinung ist das *ê* vor *cht* im Sg. Im Hd. haben wir hier die volle Brechung zu *e,* im Sg. scheint wie im Nd. das palatale *ch* die Brechung verhindert zu haben. Dafür trat nur die Senkung zu *ę* ein, das dann gedehnt wurde. vgl. die Diphtongirung im Altfries. und im Engl.

šlêcht „schlecht", [ahd. *slëht* got. *slehts*], entpricht vielmehr mhd. *slihte,* afris. *sliuht,* engl. *slight.*

gnêcht „Knecht", [ahd. *knëht*], agls. *cniht,* afris. *kniucht,* engl. *knight.*

sęch rêchdᴣ „sich ordentlich betragen", in der Bedeutung wie in der Form entsprechend mhd. *richten,* ahd. *rihten,* as. *rihtian,* got. *raihtjan.* Hier hat das *j* des Suffixes auch im Hd. die Brechung verhindert.

flêchdᴣ [zu ahd. *vlëhtan*} Kluge [1] 87 und

šbêcht „Specht", [ahd. *spëht*]. Schade [2] II, 849 sind wohl lat. Lehnwörter.

Das idg. *o* ging dem Germ. verloren dadurch, dass es zu *a* wurde. So in got. *ahtau,* ahd. *ahto,* lat. *octo*; got. *nahts,* ahd. *naht,* lat. *nox* u. s. f. (vgl. Brugmann Grdr. § 87. Kluge in P. G. I, 2, pg. 350.).

Dafür entwickelte das Germ. aus dem idg. *u* ein Brechungs-*o,* das wir jedoch unter dem germ. *u* zu betrachten haben.

Das germ. u.

Das germ. *u,* teils dem idg. *u* entsprechend, teils, in der Umgebung von Liquida und Nasal, aus *ᴣ* hervorgegangen (cf. Brugmann Grdr. §§ 222; 284; 299.), wurde im Got. durch folgendes *r* und *h* zu *o* gebrochen, von Wulfila-Grimm *aú* geschrieben.

Viel weiter geht die Brechung des *u* im Hd. Hier bleibt *u* erhalten immer vor *i, j* und *u* der folgenden Silbe sowie vor gedecktem Nasal, meistens auch vor Liquida und Nasal überhaupt. Dagegen wird *u* der Stammsilbe zu *o* gebrochen durch ein *a* des Suffixes, es sei denn, dass gedeckter Nasal den Stamm schlösse, der *u* auch hier unversehrt erhält (Kluge in P. G. ı, 2, pg. 355).

Was die Aussprache des Brechungs-*o* angeht, so muss dieselbe eine ziemlich offene, nach *a* neigende gewesen sein. Besonders vor *r* zeigt sich diese Neigung zu *a*, so dass z. B. as. vor *r* nicht selten *a* für *o* geschrieben wird, wie denn auch mhd. Denkmäler aus Baiern und Oesterreich *o* + *r* und *a* + *r* auf einander reimen. Und noch heute geht *o* vor *r* im Bair. gern zu *a* über. vgl. Behaghel P. G. ı, 3, pg. 562.

Auch der siegener Dialekt hat für das alte Brechungs-*o* einen sehr offenen *o*-Laut, der etwa dem im Engl. vor Liquiden für *a* eintretenden Laut entspricht und den wir mit ǫ bezeichnen wollen.

Beispiele:

šbǫtt ahd. *spot.*,

hǫddɔ „das Feste in der gekochten geronnenen Milch", „Quark", ist schwer zu beurteilen. Nach Wöste (Corrbl. des Vereins für nd. Sprf. 1877. pg. 87) gehört das Wort, das auch in westfäl. Dialekten als *hottekiɔtel* u. ä. erscheint, zu ahd. *skotto* mhd. *schotte*, eine Entwicklung, die an sg. *hǎôdɔ*, das eine Flachssorte bezeichnet, aus ahd. *scota* (Schade² ıı, 802) ein Gegenstück hätte. Im „Freien Grund": *hǫddɔ* „Schote".

rǫst „rubigo" ahd. *rost*, sg. wohl unterschieden von *rôst* „craticula" ahd. *rôst* und *rôst* „Russ" ahd *ruoz*.

qǫpp „Kopf" ahd. *chopf*. Die alte Bedeutung „Trinkgefäss", vorliegend in an. *koppr*, hat im Sg. das Diminutiv *köppchɔ* „Obertasse" bewahrt. cf. engl. *cup*.

brǫffɔ „pfropfen", *brǫffrîs* „Pfropfreis" zu mhd. *pfropfen*, ahd. *pfropfo*. Interessant ist die verschiedene Behandlung der *p* in An- und Inlaut.

rǫqqɔ „Rocken" ahd. *roccho*.

lǫχ „Loch" ahd. *loh*.

fǫȝl „Vogel" ahd. *fogal* neben *fugal*.

qǫln „Kohlen (der Sing. hat Dehnung: *qûôl*) ahd. *cholo*.

hǫrn „Horn" ahd. *horn*, got. *haúrn*.

Seit dem 12. Jahrhundert begann auch das aus *u* durch Brechung entstandene *o* durch *i, j* eines nachträglich ange-

fügten Suffixes umgelautet zu werden. Da der sonst im Hd.
sich ergebende Umlautvocal ö wie in vielen md. Mundarten
so auch in dem grössten Teil des siegerländer Sprachgebiets
unbeliebt war, so trat der entsprechende helle Laut, offenes e
(ẹ), ein. Nur in Ferndorf und in Freudenberg haben wir ö.

kë̀sdə „Kosten", nur noch archaistisch für neueres *qọsdə*, mhd.
koste, kost.

frë̀š „Frosch", der Umlaut ist wohl durch *š* bewirkt (cf. *äšə*
pg. 28), ahd. *frosk.*

gnë̀bbə, plur. zu *gnọpp* ahd. *knopf.*

šdë̀ckə, plur. zu *šdọqq* ahd. *stoc.*

Die Dehnung des *ọ* in offener Silbe führte naturgemäss
zu *aō*, offenem langem *o*-Laut. Der Umlaut davon ist natürlich für *ö*, das sg. nicht stehn kann, ein *aē*. Vor *r* steht
aōə und *aēə*.

Beispiele:

laō „Schössling", plur. *laōrə*, zu ahd. *lota* „Schoss", nd. *lode*
von ahd. *liotan*, got. *liudan.* Schade[2] 1, 565.

daōrr „Dotter" ahd. *totoro.*

γaōrḷ f. „Gote", „weiblicher Taufpate" ist das fem. gewordene
mhd. dimin. *gotele* „weibliches Patenkind" von ahd. *gota*, got.
gudja„ ἱερεύς." Von diesem Diminutiv ist wieder ein dimin.
gaērḷchə „weibl. Patenkind" gebildet.

haōs, gew. nur plur. *haōsə*, bedeutet sg. nur „Strumpf", ahd.
hosa.

draōχ „Trog" ahd. *troc*, nd. *trog.* Kluge[4] 360.

baōjə „Bogen" ahd. *bogo.*

maōjə „mögen" ahd. *mugan* hat nachträglich Brechung er-
fahren wie nhd. *mögen.*

faōər „vor", zugleich auch „für", also = ahd. *fora* und *furi.*

saōl „Sohle" ahd. *sola*, ein lat. Lehnwort.

Den Umlaut zeigen:

haēsche, dimin. zu *haōs*;

laētchə, dimin. zu *laō*;

kaēlchə, dimin. zu *qaōl*, wovon auch *kaēlr* „Köhler."

War schon im Ahd. das germ. *u* durch die alte Brechung
in seinem Bestand beträchtlich geschmälert worden, so verschwand es im Sg. als Vertreter von idg. *u* fast gänzlich.
Analog der Schwächung des *i* zu *ę* trat nämlich auch eine
Senkung des *u* zu *ǫ* ein, die im Mnd. ihren Anfang nahm
und sich auch in md. Gebiete, wie das Siegerland, verbreitete.
Auch hier wieder hat der rip. und mit ihm der sg. Dialekt
die Senkung viel consequenter durchgeführt als das Hessische,
ja sogar strenger als das Nd. selber. Der durch die Senkung
des *u* entstehende Vocal ist analog dem Senkungs-*ę* ein geschlossenes *ǫ*. cf. Behaghel, P. G. I. 3, pg. 562; Heinz. pg. 24;
Wülcker pg. 27.

Nur in einigen wenigen Fällen hat *u* der Senkung widerstanden. So hielt es sich, wie auch das *i*, vor *r* + Consonant:
hurt „Sitzstange der Hühner", „Nest" mhd. ahd. *hurt* „Flechtwerk aus Reisig", got. *haúrds*. Dazu wohl lat. *crates*,
gr. κάρταλο̧ς, idg. Wurzel *kṛt*. — Dazu nhd. *Hürde* und
Horde, zwischen deren Bedeutungen das sg. Wort etwa in
der Mitte steht. cf. Kluge⁴ 150.

duršt ahd. *durst*, got. *þaúrstei*.

hurdich „schnell" mhd. *hurteclich*, vielleicht ein roman. Lehnwort.

urzə (Heinz. pg. 27.) hess. *orzen* (Vilm. 426.) „etwas vom Futter
übrig lassen", vom Vieh gebrauchter Ausdruck, davon *urzə*
f. „das Uebriggebliebene." Das Wort gehört wohl zu mhd.
urte, ürte „Zeche", „Rechnung des Wirts über das Verzehrte."
Interessant wäre dann die sg. Bedeutungsentwicklung, da
ja *urzə* gerade das bezeichnet, was nicht verzehrt worden
ist. Auch ahd. *ortón*, bei dem *o* allerdings auffällt, liegt
seiner Bedeutung nach nicht so fern. Sg. *z* gegenüber mhd.
ahd. *t* dürfte wohl auf suffixalem Einfluss beruhen. Anders
Vilm. a. a. O.

burch „Burg" ahd. *burg*, got. *baúrgs*.

vurm „Wurm" ahd. *wurm*, got. *vaúrms*, skr. *kṛmíš*. Kluge⁴ 391.

durn, durm schon mhd. *turn, turm* nebeneinander. Kluge⁴ 363.

qurvḷ „Kurbel", „Winde" zu ahd. *churba*.

Durch falsche Analogiebildung ist sogar *u* vor *r* unorganisch eingedrungen in *urjḷ* „Orgel" ahd. *orgela* neben häufigerm *organa,* entl. aus mlat. *organum* resp. dessen Plural. Kluge⁴ 253.

γurgə, gewöhnlich *γurgəšdọbbə,* „Kork" entlehnt aus span. *corcho,* das auf lat. *cortex* zurückgeht. Das *u* findet sich übrigens schon in ndl. *kurk* neben *kork.*

Der Umlaut dieses vor *r* erhaltenen *u* ist für das dumpfe *ü* sieg. ein helles *i*:

virzḷchə, dimin. zu *rurzḷ* ahd. *wurzala,* agls. *wyrtwalu* (s. pg. 17).

širzə „Schürze", davon *širzfẹll* neben *šurzfẹll* „lederne Schürze" (Heinz. pg. 26) zu ahd. *scurz* „kurz"; vgl. engl. *shirt,* an. *skyrta* „Hemd."

biršdə „Bürste" mhd. *bürste* ist auch eingetreten für mhd. *borste,* das sg. fehlt. vgl. ahd. *burst.*

birjr „Bürger" zu *burch.*

gəbirdich „gebürtig" zu *gəburt.*

In *furšnẹ̈i* „nagelneu" liegt vielleicht Erhaltung der alten Verdumpfung von *i* vor, die sich mbd. findet. (Weinhold, mhd. Gr.¹ § 52.). Hier liegt nämlich wahrscheinlich ahd. *frisk* zu grunde, das md. *firsch, frusch, *fursch* lautet. Schade² 1, 226.

Auch im Praet. der ablautenden Verben der 3. Klasse mit stammschliessendem *r* + Consonant ist *u* im Plur. gesetzmässig erhalten: 1. Pers. Pl. *šdurrə, frdurrə* von *šdẹ̈orrə, frdẹ̈orrə.* Dieses *u* ist aber dann sg. auch in den Sing. gedrungen, also 1. Pers. Sg. *šdurv, frdurv.* In der nhd. Schriftspr. ist die Entwicklung umgekehrt, indem hier *a,* der lautgesetzliche Vokal des Sing. auch in den Plural eindrang. Durch Synkope des -*de*- trat Dehnung ein in *rúərn,* davon Sing. *rúər;* Inf. ist *raẹərn.* Der Opt. Praet. heisst dementsprechend *šdirv, frdirv, riər.* Im Part. Perf. trat regelrecht Brechung ein: *gəšdọrrə, frdọrrə;* nur in *rúərn* „geworden" erscheint *ú,* was auf frühe Dehnung schliessen lässt.

Wie beim *i* das *çə,* so tritt beim *u* nach *rr* ein *ǫə* ein, dessen Umlaut wieder *çə* ist. So in

gnǫərn „knurren";

šnǫərn „schnurren" mhd. *snurren;*

ferner auch in dem umgelauteten

dçərn „dörren", „verdorren", also activ und passiv.

Im ferndorfer Dialekt tritt dagegen nach *r* unter wittgen-
steinschem Einfluss stets *o*, Umlaut *ö*. für *u* ein: *rorzl* „Wurzel",
dim. *rörzlchə*.

Im fdf. Dialekt hält sich *u* wie *i* auch vor gutturalem
Nasal, der im Inlaut aus *n* + Muta entwickelt wurde:
jəsuʋə „gesungen" gemsg. *gəsoʋə*;
jəfuʋə „gefunden" gemsg. *fonnə*;
uʋr „unter" ahd. *untar*, gemsg. *onnr*;
huʋrt „hundert" gemsg. *honnrt*.

Im Auslaut, wo die Muta hinter *n* sich hält, tritt auch
fdf. die Senkung ein: *hont* „Hund", *ront* „rund."

Der Umlaut dieses fdf. *u* ist natürlich das dort beliebte
ü: *füʋ* Opt. Praet. zu *fiʋe* gemsg. *fenn* zu *femnə* „finden."

Vor *ʋ* hält sich *u* auch in andern Gebieten des Siegerlands:
luʋ „Lunge" ahd. *lungun*.
ruʋ „Runge" mhd. *runge*, got. *hrugga* „Stab."
zuʋ „Zunge" ahd. *zunga*, got. *tuggô*.

Umlautvocal ist natürlich *i*:
gəliʋ „die (edlern) Eingeweide" wie bair. *gelüng* (Schmeller
II, 484.), mhd. *gelunge*. Schade[2] I, 297.
zinln „züngeln", abgeleitet von *zuʋ*.

In andern Wörtern tritt dagegen vor *ʋ* die Senkung des
u ein:
joʋ „Junge", fdf. *juʋ*; mhd. *junc*, got. *juggs* ist das zugehörige
Adj., das sg. *joʋk* lautet.
doʋ f. „Butterbrot" ist auch hess. bekannt (Vilm. pg. 80. 478.).
Es wird von Bech (Beitr. zu Vilm. pg. V) unter Hinweis auf
das mhd. *daz begozzen brôt* auf mhd. *tunge* „irrigatio" von
tungen „irrigare" zurückgeführt. Es dann also ein „ge-
düngtes" d. h. ein mit Butter, Honig oder Kraut bestrichenes
Brot.
hoʋr „Hunger" ahd. *hungar*, got. *húhrus* für **hunhrus* (verb.
huggrjan).

Fernere Beispiele pg. 48.

Endlich wird urspr. *u* im Sg. meist auch durch folgendes
gg vor Schwächung bewahrt:

gluqqə „Bruthenne" mhd. *klucke*. Davon das vb. *gluxə*, adj. *gluxich*.

juqqə „jucken" ahd. *jucchen*.

γuqqə mhd. *gucken*, daneben steht das mehr nd. *luqqə*; alts. *lócón*, engl. *look*, ndl. *lugen* sind verwandt; *luqq* heisst der erste Besuch der Freundinnen bei einer Wöchnerin, wobei das neugeborene Kind in Augenschein genommen wird.

męch šuqqrt „der Frost überläuft mich"; vgl. mhd. *schucken* neben *schocken* Schade² II, 773.

zuqqr mhd. *zucker* ist ein span. Lehnwort.

Vereinzelt ist *u* erhalten in *jutt* „Jude". Hier mag sehr früh Dehnung eingetreten sein, worauf dann *û* gesetzmässig zu *u* verkürzt wurde.

Vor allen übrigen Consonanten tritt regelmässig die Senkung des *u* zu *o* ein:

blott „zart", „jung", entspricht mhd. *blut* „nackt". „bloss", nd. *blutt*. In der Schriftsprache ist das Wort bewahrt in *blutarm*, *blutjung*, cf. Heinz. Wb. 27.

doddl „Klex" wie nhd. *Tüttel* (Kluge⁴ 365) ist ohne Umlaut abgeleitet von ahd. *tutta*, mhd. *tutte*.

soddr „Pfeifenschmiere", „Sutter", gehört wohl zu mhd. *sutteren* „im Kochen überwallen", ferner mhd. *sudel*, *sudeln*, ahd. *suti*, md. *sudde* „heisse Quelle". Stellt sich *soddr* zu dieser Wurzel, so hat es nichts zu tun mit agls. *sót*, an. *sót* und slav. Wörtern, so schön auch seine Bedeutung zu lett. *sódeji*, *sódri* „Russ", „Tabaksöl" stimmen mag. (Schade² II, 845.). Zu dieser Wurzel gehört wohl auch sg. *sorrl* „Jauche" aus *sodel*, das genau einem mhd. *sudel* entspräche.

botzə „Hose" entspricht wohl mhd. *butze* „Larve", *butzen* „auskleiden", „aufschmücken" (Schade² I. 93). Auch schwz. *butzen* „Obstkerngehäuse" gehört wohl hierher. Vielleicht steht das Wort auch in irgend welcher Beziehung zu frz. *botte*. Dem Dental in *botzə* entspricht Guttural in nhd. dial. *buchse*. Kluge¹ 48. vgl. Heinz. pg. 76. Wb. 32.

brost ahd. *brust*, got. *brusts*.

nozz „Nuss" ahd. *nuz*.

qobbr „Kupfer" ahd. *chupfar*.

hoft „Hüfte" wie ahd. *huf* zu nhd. *Hüfte.*

gloft „Kluft" wie mhd. *kluft.* Daneben haben wir in *fuorgloft* „Feuerzange" eine Bedeutung, die an das ahd. *chluft* „forceps", „Schere" erinnert.

froxt, (nur im Sgl. collectiv gebr.), „Feldfrüchte", ahd. *fruht*, vielleicht ein lat. Lehnwort.

ódoxut „ungezogen", dazu *ódoxt* „Taugenichts", von mhd. *un-tugent.*

groln, plur., „Locken", davon *grollich* „lockig", die unumgelautete Form zu mhd. *krülle*, vgl. mnd. *crul* „crispus", davon dimin. md. *crullil.* Schade² I, 517. Vilm. 227.

ollrn, ein specifisch sg. Wort, „Boden", „Söller des Hauses", macht Schwierigkeiten. Es ist wohl eine Zusammensetzung von mhd. *ulter*, aus lat. *ultra* entlehnt (Schade² II, 996), und dem oben (pg. 24) besprochenen *ern*, ahd. *arin* „Flur", bedeutet demnach „oberer Hausflur". In Siegen-Stadt steht dafür *laib* (s. unter *an*).

hollo in dem Ausdruck *bqt do hollo färn* „nachtwandeln", einer auf altem Aberglauben beruhenden Redensart, ist sehr interessant. Es ist wohl euphemistische Bezeichnung für das mhd. *unholt*, ahd. *unhold.* Got. *unhulpa*, *unhulpó*, ahd. *unholda* zeigen noch die Bedeutung des Dämonischen. (Jac. Grimm, dt. Mythol.² pg. 942.). Dem sg. euphemist. *hollo* entspricht genau griech. εὐμένιδες. Anders Vilm. 137. Schmidt 73.

romp „zweirädriger Karren mit rumpfartigem Kasten". (vgl. Schiffsrumpf), mhd. *rumph*, ndl. *romp.* Heinz. pg. 77.

qomp „tiefe Schüssel", „tiefe Stelle eines Baches", mhd. nhd. *kumpf*, agls. *cumb.* Kluge⁴ 194.

badombo „dumpf", steht ndl. *dompig* am nächsten, mhd. *dumpfen.*

hont „Hund" ahd. *hunt*, got. *hunds.*

onnrn „Nachmittag", ein dialekt. weit verbreitetes Wort (Heinz. 111; Schmidt 128. Vilm. 423.), ahd. *untarn*, mhd. *undern.* Schade² II, 1051.

slonk „Schlund", „Kehle" zu nhd. *schlingen*, sg. *slqono*, wie ahd. mhd. *slunt* zu mhd. *slinden.* vgl. Kluge⁴ 307.

glonk „Krug" wird von Heinz. 92 von sg. *glqno*, *glqono* „klingen" abgeleitet, ob mit Recht, muss dahingestellt bleiben.

bronl, nur noch erhalten in der Verbindung *n bronl suormos,*

da man das Sauerkraut auswringt. wenn man es zum Kochen
aus dem Fass nimmt, worin es eingemacht·war. Es ist also
abgeleitet von *sg. brǫŋ* (s. pg. 38.) und entspricht ahd. *wrungel*, welches „süsse dickgemachte Milch, aus der die Molken
ausgewrungen sind" bezeichnet. Schade[2] II, 1206. Heinz.
Wb. 38.

horrl̥ „Windel" mit verengerter Bedeutung zu mhd. *hudel*
„Fetzen", „Lappen" (Schade[2] I, 427). cf. Vilm. 177.

Der Umlaut dieses durch Senkung aus *u* enstandenen *ǫ*
ist, da *ö sg.* nicht stehn kann, ein *ę*. Die Dialekte von Freudenberg und Ferndorf haben hier natürlich *ö*.

Beispiele:

pętz hat wie ahd. *pfuzzi*, ndl. *put*, agls. *pytt*, die Bedeutung
des alten lateinischen Stammworts *puteus* „Brunnen" bewahrt. Meist hat die Bedeutung die Verengerung „Ziehbrunnen". Davon *pętzə* „Wasser aus dem Brunnen ziehn".

rętchə „männl. Hund" ahd. *rudo, hrudeo*, agls. *ryþþa*.

kęrrl̥ „Kittel" ist vielleicht als Diminutiv zu mhd. *kutte* zu
fassen, so dass md. *kittel* für *küttel* stände und mit agls.
cyrtel̥, an. *kyrtell* nichts gemein hätte. (Kluge[4] 171.) Man
vgl. das mhd. dimin. *küttli* (Schade[2] I, 529.). Auffällig bleibt
nur der Genuswechsel, der aber auch sonst bei Diminutiven
vorkommt. So in dem von Heinz. pg. 26 citirten masc. Kosewort *jęŋl̥*, dimin. zu *jǫŋ*, wie auch in dem pg. 43 besprochenen
fem. *ɣāòrl̥*.

ęvr̥ „über" ahd. *ubir, ubar*.

hębbl̥ „Haufen" entspricht dem bair. *hübel*, mhd. *hübel, hubel*
(Kluge[4] 148; Schade[2] I, 427.) Ohne Umlaut ist *sg. hǫbbl̥*
„holprige Stelle" mhd. *hubel, hobel*, wovon adj. *hǫbbl̥lich* gebildet ist.

ręckə „Rücken" ahd. *hrucki*, agls. *hrycg*.

fęlvəz „niedriger Korb aus Eichenschienen", hess. *füllfas, föllwes*, Vilmar 111; Heinz. 63. Es entspricht as. *fullfat* (Hel. 4539)
„Krug", „Flasche", dessen erster Bestandteil das as. *full*
„Becher", „Krug" ist. cf. Schade[2] I, 231. Anders Bech
Beitr. pg. VII.

sęlzə „Sülze" mhd. *sülze, sulze*, ahd. *sulza*, as. *sultia* „Salzwasser".
Der Stamm zeigt die Tiefstufe *sl̥-* zur Wurzel von *Salz, sl̥.*

bẹmbṛ „grosser Krug oder Kessel", daneben das nicht umgelautete *bombɔs,* engl. *bumper*. Heinz. pg. 77; Wb. 16.

rẹmm ọnn dẹmm „weit und breit". wozu Heinz. pg. 26 das mekl. *üm und düm* beibringt, zeigt Umlaut des *um* wie mhd. *ümbe*, ahd. *umbi*. Das *d* des letzten Wortes ist ganz unorganisch herübergenommen von dem *d* des Wortes *und*, das sich auf diese Weise gerettet hat. Begünstigt wurde diese Herübernahme dadurch, dass sg. *ọnn* das *d* assimilirt hat. Wir haben eine ähnliche noch viel auffallendere Erscheinung in dem Gruss *gọnāorṇt* „guten Abend", das zu *nāorṇt* abgekürzt wird, als ob die Bestandteile **gọ* und **nāorṇt* wären.

hẹrr „Rauchfang" ist ein dunkles Wort. Es stellt sich vielleicht zu got. *haúri* „Kohlenfeuer", „Kohle", an. (dicht.) *hyrr* „Feuer", doch bleibt es auffällig, dass *u* vor *r* hier geschwächt wäre.

Selten tritt, veranlasst meistens durch ausgefallenen Nasal, Dehnung des ursprünglichen *u* ein. Als Dehnungsvocal ergibt sich *ô*, umgelautet *ê*:

ôlich „Oel" mhd. *öl, ole* ahd. *olei, oli*, as. *olig*. Weinh., mhd. Gr. 1 § 220.

mêl „Mühle", urk. noch die unumgelauteten Formen *möle* (sg. Uk. 130) und *molen* (167), mhd. *mül*, ahd. *muli*.

kêml „Kümmel" ahd. *chumil*.

sô „Sohn", selten gebraucht, ahd. *sunu*, got. *sunus*. vgl. ndl. *zoon*.

dôst „Dunst" ahd. *tunist*, agls. *dúst*.

bê „Decke des Zimmers" mhd. *bün, büne*. Die Bedeutung „Decke" kennt auch das Schweizerische. Kluge⁴ 46. Heinz. Wb. 12.

êslt „Talg", „Unschlitt" mhd. *unslit, inslit*, daneben schon *unselt*, *inselt*. Hess. nd. *ungel* entspricht das im nördl. Siegerland übliche *ọsḷ*. Kluge⁴ 365.

Vor stammschliessendem Nasal tritt im Sg. die Brechung des *u* zu *ọ* nicht ein; der sg. Dialekt hat somit die im Mhd. geltenden Lautverhältnisse bewahrt. Wir finden also nur die Schwächung zu *ọ* und haben damit denselben Laut wie in der nhd. Schriftsprache, der jedoch hier eine andre Entwicklungsstufe darstellt:

sonn „Sonne" ahd. *sunna*, got. *sunnô.*

sommr „Sommer" ahd. *sumar.*

fromm „fromm" zu ahd. *fruma* „Nutzen".

qonn „können", ohne Umlaut, wie mhd. *kunnen*, ahd. *chunnan*, got. *kunnan.*

sonnrn „sondern" mhd. *suntern.*

Dieselbe Lautstufe haben wir sg. wie im ganzen Ripuarischen auch vor gedecktem *l* (Heinz. pg. 28.):

holz ahd. *holz.*

volkə ahd. *wolcha.*

folk ahd. *folc.*

doll „die untersten stärksten Aeste eines Baumes, da wo der Stamm sich zu verzweigen anfängt" muss auf ein wohl urspr. nd. *dull* zurückgehn (Kluge [4] 56.); cf. ahd. *toldo*, mhd. *tolde* und ahd. *tola* „racemus", vgl. auch hess. *dolle* (Vilm. 75.), westerw. *doll* (Schmidt 46.). Heinz. pg. 112 gibt die Bedeutung ungenau an.

doll ahd. *tol.*

ronn aus *voln ahd. *wollan*, *wellan.*

Im Mittelbinnendentschen bestand die Neigung *u* und *o* in gewissen Wörtern wechseln zu lassen. (Weinhold, mhd. Gr. [2] §§ 59, 63, 74.) Die Wirkungen dieses Wechsels zeigen sich auch im Sg., daher entspricht oft sg. Brechungsvokal (*o*) nhd. nicht gebrochenem Vocal und umgekehrt.

So haben wir sg. Brechung in:

floχ „Flug" ahd. *flug.*

qoʒl „Kugel" mhd. *kugel*, ndl. *kogel.*

zoqqə „zucken" ahd. *zucchen* und *zocchôn*, nd. *tokken.*

šbūōər „Spur" mhd. *spur* und *spor.*

fūōər „Furche" ahd. *furuh*, ndl. *voor.*

Andrerseits haben wir im Sg. den Senkungsvocal in:

voχə „Woche" ahd. *wohha.*

born „Brunnen" ahd. *brunno.* Das nd. *Born* ist im Hd. poetisches Wort geworden.

drôstl „Drossel" mhd. *drostel*, agls. *þrostle* „merula". Kluge ¹ 60.
Daneben mhd. *dröschel*, ahd. *drôscela*.

Offenbar eine Zwischenstufe zwischen *ǫ* und *o*, ein Uebergangsstadium von dem gesenkten zu dem gebrochenen *u*, liegt vor in einem *ǫə*, dass sich zuweilen für germ. *u* einstellt. Charakteristisch ist dabei, dass dieser Laut sich besonders gern in der Dehnung, als *ôə*, zeigt. Das erklärt sich daraus, dass die Dehnung der Brechung länger Widerstand leisten konnte als der einfache Vocal.

Interessant ist hier die Behandlung des ahd. *holòn* im Sg., denn wir finden die drei möglichen Formen nebeneinander, also *hǫln*, *hǫəln* und *họln*.

Sonst haben wir *ǫə* resp. *ôə* in

ǫssə „Ochs" ahd. *ohso*, got. *aúhsa*.

lôərə „loben" abd. *lobôn*.

ôəvə „oben" ahd. *obana*, got. *ufana*.

ôərə „Ofen" ahd. *oran*, got. *aúhns*.

hôəf „Hof" ahd. *hof*.

grôəf „grob" ahd. *grob*.

Der Umlaut dieses *ǫə* resp. *ôə* ist natürlich *ȩə* resp. *ȩə*:

ȩsschə, dimin. zu *ǫssə*.

ȩərlȩhə, dimin. zu *ôərə*, mit zwei Diminutivsuffixen.

Zieht man die nhd. Lautverhältnisse in Vergleich, so gestaltet sich die Entwicklung von germ. *u* im Sg. am eigenartigsten bei den ablautenden Verben der dritten und vierten Klasse.

Zunächst ist die im Hd. nach der mhd. Zeit eingetretene Brechung von *u* unterblieben bei den Verben mit stammschliessendem Nasal. Hier trat im Sg. nur die Senkung des *u* zu *o* ein. (pg. 50). Dadurch erhalten wir bei der dritten ablautenden Klasse zwar gleichen Laut (*o*), doch nicht die gleiche Entwicklungsstufe im Part. Perf. vor geminirtem Nasal: sg. *gərǫnn* nhd. *geronnen*; sg. *gəšvǫmmə* nhd. *geschwommen* etc. Hier hat also das Sg., abgesehen von der Schwächung des *u*, die mhd. Verhältnisse bewahrt.

Die Verba mit stammschliessendem Nasal + Cons. zeigen schriftsprachlich im Part. Perf. zwar dieselbe Lautstufe wie im Sg., doch nicht gleichen Laut, dort u, hier ρ: sg. *gəsǫnə* nhd. *gesungen*; sg. *fʊnnə* nhd. *gefunden*.

Gleicher Vocal tritt wieder ein im Part. Perf. vor l+Cons., das nhd. die Brechung nicht hindert, wohl aber im sg. Dialekt: sg. *gəɣǫllə* nhd. *gegolten*; sg. *gəšvǫln* nhd. *geschwollen*; sg. *gəhǫlfə* nhd. *geholfen*.

Sowohl die Schriftsprache als auch das Sg. haben Brechung des u im Part. vor r + Cons.: sg. *gəvǫrfə* nhd. *geworfen*; sg. *gəšdǫrvə* nhd. *gestorben*.

Ebenso ist vor allen andern Consonanten Brechung eingetreten: sg. *gəfǫχdə* nhd. *gefochten*.

Noch auffallender gestalten sich die Verhältnisse der dritten ablautenden Klasse im Praeteritum. In der Schriftsprache ist hier der Stammvocal des Singulars auch im Plural zur Herrschaft gelangt: im Sg. ist umgekehrt der Vocal des Plurals auch in den Singular eingedrungen. Während wir also in der Schriftsprache durchgängig im Praet. a haben, zeigt der sg. Dialekt, da ja die Brechung hier ausgeschlossen ist, überall gleichmässig ρ, vor r aber (s. pg. 44) u: sg. *švǫmm*, *sʊŋ*, *hǫlf*, *vurf* gegenüber schriftspr. *schwamm, sang, half, warf*.

Bei den Verben der vierten ablautenden Klasse kann hier nur das Part. Perf. in Betracht kommen. Es zeigt sg. wie schon mhd. den Brechungsvocal: *gəbrǫχə* mhd. *gebrochen*; *drǫffə* mhd. *getroffen*. Nur vor Nasal scheint sg. die Brechung nicht eingetreten zu sein, obwohl sie hier schon das Ahd. hat: *gənǫmmə* ahd. *ginoman*.

Die Verba der zweiten ablautenden Klasse zeigen auch sg. überall den Brechungsvocal im Part. Perf. So sg. *gərǫχə* nhd. *gerochen*, sg. *gəšǫzzə* nhd. *geschossen*, sg. *gəlåõʒə* nhd. *gelogen*, sg. *gəfråõərn* nhd. *gefroren*, sg. *gebåõrə* nhd. *geboten*.

Im Praet. ist hier sg. wie auch schriftspr. der Vocal des Singulars auch im Plural herrschend geworden.

Das westgerm. *â* steht im Allgemeinen für urgerm. *ǣ.* Der Uebergang dieses *ǣ* zu *â* vollzog sich jedoch sehr früh und war nach Behaghel (P. G. I, 3, pg. 562) um's Jahr 1000 überall abgeschlossen.

Heute ist das urspr. *â* in den meisten nd. und md. Mundarten streng geschieden von dem durch Dehnung aus germ. *a* hervorgegangenen langen *a*-Vocal. Diese Differenzirung geschieht in der Weise, dass urspr. *â* nach *o* hin verdumpft wird. (cf. Weinhold, mhd. Gr. ¹ § 56). Im Ndfrk. zeigt sich diese Verdumpfung schon in den ältesten Zeiten, ja hier tritt völlig der *ô*-Laut ein. (Behaghel a. a. O.). In späterer Zeit ist die Verdumpfung, wie es scheint, von Osten nach Westen fortschreitend. Am schwächsten ist sie im Nd., das ja auch sonst seine Vorliebe für reines *a* beweist. (Behaghel P. G. I, 3, 566.)

Der siegerländer Dialekt nimmt hier eine vermittelnde Stellung ein. Er verdumpft zum Unterschied von dem neuen Dehnungs-*â* das alte *â* und trennt sich dadurch von den meisten rip. Dialekten, er geht aber in dieser Verdumpfung nicht so weit wie sein östlicher Nachbar, der hessische Dialekt, der für altes *â* reines *ô* eintreten lässt. Immerhin treibt auch das Sg. die Verdumpfung des *â* so weit, dass es mit dem verlängerten aus *a* entstandenen Brechungs-*ọ*, das in entgegengesetzter Richtung sich entwickelt, zusammentrifft und völlig übereinstimmt. Heinz. pg. 30.

Beispiele:

ruŏt „Kleidung", „Staat" hess. *wŏt*, mhd. ahd. *wât.*

ruŏz „Honigwabe", hess *rôss* (Vilm. 330), entspricht mhd. ahd. *râze.* Das Wort findet sich auch sonst in nhd. Mundarten, ausser im Hess. in der Eifel als *râzen* (From. VI, 17), bair. *hungráz*

(Schmeller III, 125). Anord. haben wir *ráta*, ndl. *raat, honingraat*. Die Grundbedeutung der Wurzel ist wohl „in Zellen oder Maschen eingeteilt" und dann weder lat. *radius* (Frisch II, 127; Weig. II, 511) noch auch lat. *crates* (Jac. Grimm bei Haupt VIII, 421), sondern mit Diez (Wb. II³, pg. 411) lat. *rête* hierherzuziehn. Schade ² II, 703; Kluge ⁴ 284.

ãos „Aas", auch Schimpfwort, mhd. ahd. *ás.* Davon das comp. *šinnãos* „Schindaas".

mãoš „Masche", mhd. *másche*, ahd. *másca* haben noch das *á*, welches nhd. verkürzt ist.

ət ráostrt „es ist ein Unwetter" ist Intensitivum zu ahd. *wázen, wázan* „stoss- und ruckweise blasen"; vgl. noch besonders ahd. *wáz-gewitere* „Sturmwetter", *wáz* „starkes Wehen". Schade ² II, 1105. Schmidt 333f.

šãof „Schaf" ahd. *scâf.*

ãorụt „Abend", wohl Part. zu ahd. *ában* „sinken".

hãoχ „Haken" ahd. *háko.*

bãoχt „Schmutz", auch eine Schelte, schles. *bôcht*, zu mhd. *báht* „Unrat", „Kot." Schade ² I, 36. Hz. Wb. 29.

grão „Krähe" (selten) mhd. *krâ*, ahd. *chrâ* neben *chráia*, agls. *cráwe.*

šdrãol selten „Strahl", meist „Streifen", mhd. *strâl*, ahd. *strâla.*

šbrãol „Star", ein nd. Wort, nach as. *sprâ* gebildet, vgl. nhd. mundartl. *Sprehe*, nd. *spré.* Kluge ⁴ 335.

mãoln „malen" ahd. *málón*, got. *méljan*, streng geschieden von *maln* „mahlen" ahd. *malan*, got. *malan.*

bãoər ahd. *bára* „Bahre". Heinz. Wb. 28.

dão „da" mhd. *dâ, dâr*, ahd. *dâr.* Daneben steht eine Form mit anlautendem *l*, sg. *lão*, mit der hinweisenden Bedeutung des franz. *là.* Vielleicht beruht daher das *l* auf franz. Einfluss, was dadurch bestätigt wird, dass die sg. Pronomina für die verlornen *dieser* und *jener* genau nach franz. Muster gebildet sind: *hẹdãe* aus *hẹ* und *dãe* „dieser" (celui-ci) und *lọdãe* aus *lão* und *dãe* „jener" (celui-là.)

šrãom „Linie auf der Schiefertafel", auch „kleine (meist mit dem Fuss gezogene) Furche" entspricht lautlich an. *skráma* „Wunde", nicht aber mhd. *schram.*

brãombṛ „Brombeere" mhd. *brâmber*, ahd. *brâmberi* (s. unter den

Compos.). Daneben steht sg. ein *brāoml̦* entsprech. ahd. *brâmal.* Heinz. Wb. 38.

māônt „Mond" mhd. *mâne*, ahd. *mâno.* Schon mhd. finden wir die Nebenformen *mânde, mânt.* Dasselbe Wort vertritt sg. auch das mhd. *mânôt.*

jāô „Jahn", sonst nhd. mit der Bedeutung „Reihe gemähten Getreides", bedeutet sg. die von jemand bearbeitete Strecke Hauberg, welche gewöhnlich in einem langen, schmalen Streifen besteht. Ueber die Ableitung des Wortes vgl. Kluge [4] 153.

γāô „gehn" (ebenso *šdāô* „stehn") entspricht dem ahd. *gán*, während hess. *gê* auf ahd. *gén* beruht. Weinhold, mhd. Gr. [1] § 340. Heinz. pg. 30.

Sg. *āô* steht, wie mhd. *â*, auch für ahd. *âo*, welches im Auslaut für inlautendes *âw* eintrat, wo die nhd. Schriftsprache gewöhnlich *au* hat:

grāô „grau" mhd. *grá*, ahd. *grâo*, flect. *grâwêr.*

blāô „blau" mhd. *blâ*, ahd. *blâo* (*blâwêr*).

pāô „Pfau" mhd. *pfâwe*, ahd. *pfâwo*, agls. *pâwa* und *peá.*

šrāô „mager", westerw. *schrá* „hässlich", bedeutet wohl ursprünglich „eingeschrumpft" und stellt sich zu an. *skrá* „getrocknete Tierhaut"; vgl. ahd. *scrótan*, Schade [2] II. 807. Vilm 369 f.

In *glāov* „Klaue" hat sich im Gegensatz zu mhd. *klâ* das *w* erhalten wie in der mhd. Nebenform *klâwe* zu ahd. *chlâwa.*

Auf dem Einfluss des durch Contraction hinter das *a* getretenen *r* beruht wohl das *āô* in sg. *āôr* „Aehre", einem Wort, das auch dadurch auffällt, dass es keinen Umlaut hat, während doch im Ahd. die unumgelautete Form *ahir* obd., das umgelautete *ehir* frk. ist.

Ebenso auffällig ist sg. *γāôl* „bitter schmeckend", das zwar mit hess. *gôl* (Vilm. 13), nicht aber mit ndl. *gal*, ahd. *galla* lautlich übereinstimmt.

Andrerseits erhalten wir für erwartetes *āô* sg. ein *â* in *krâzə* „unreifes Obst essen" mhd. *quâzen* „schmausen". Die Bedeutung des czech. Stammworts *kras* (Jac. Grimm Gr. I [3], 169)

zeigt schon die Nuance des sg. Wortes, es bedeutet nämlich
„Sauerteig", „saurer Trank". cf. Schade[2] ii, 693.

Eine merkwürdige Differenzirung hat stattgehabt in sg.
blaslr „Strassenpflaster" und *blaôslr* „Wundpflaster", mhd. nur
pflaster, ahd. *pflastar*, entlehnt aus griech. ἔμπλαστρον. cf.
Kluge[4] 261.

In Uebereinstimmung mit der Schriftsprache ist bei den
Verben der vierten und fünften ablautenden Klassen das lautgesetzliche *aô* des Plurals auch im Singular des Praeteritums
zur Herrschaft gelangt. So sg. *naôm*, pl. *naômə* ahd. *nam*,
nâmum; sg. *maôz*, pl. *maôzə* ahd. *maz*, *mâzum* etc.

Fast nie tritt sg. Verkürzung des urspr. *â* ein. Meistens
bleibt auch da, wo dieselbe in der Schriftsprache eintrat, die
Länge im Sg. unversehrt erhalten. So in: *blaôdrn* „Blattern",
laôzə „lassen", *braôχdə* „brachte", *gədaôχt* „gedacht".

Verkürzt wurde *aô* nur in
jommr „Jammer" mhd. *jâmer*, ahd. *jâmar*, sowie in dem ad-
verbialen
əvərr? „nicht wahr?" genau so gebraucht wie das obd. *gelt?*
In dieser zusammengesetzten Partikel liegt als zweiter Bestandteil wohl zweifellos das ahd. neutr. *wâr* (Schade[2] ii,
1094) zu grunde, dem irgend eine nicht mehr erkennbare Partikel oder gar Verbalform vorangeht.

Der Umlaut des *â* findet in den Denkmälern erst spät,
allgemein erst im 12. Jahrhundert, seine Bezeichnung. Es
ist dies wohl aus der relativen Festigkeit des langen Vocals
zu erklären, die viel grösser war als die der kurzen Vocale.
Da es ein Umlaut nach Analogie ist, so dürfen wir uns nicht
wundern, dass er zuerst in den ndfrk. Psalmen (Behaghel P. G.
i, 3, 563.) und md. viel früher eintritt als obd. (Weinhold, mhd.
Gr.[1] § 67; kl. mhd. Gr.[2] § 33.).
Der Lautwert des Umlautvocals war in mhd. Zeit, wie
die Schreibungen der Denkmäler zeigen, im Md. und Obd. ver-
schieden. Im Md. war er geschlossenes *é* (Weinhold, mhd.
Gr.[1] § 67), während das Obd. schon damals einen sehr offenen
ä-Laut zeigte, der heute zum Teil zum vollen *â* zurückgekehrt
ist. (Weinhold, mhd. Gr.[1] § 61.).

In nhd. Zeit scheint sich auch md. der Umlautvocal dem *á*
wieder zu nähern. So erhalten wir im Sg. ein *ãẽ*, offenen
langen *e*-Laut, der genau jenem *ãẽ* entspricht, welches als Umlautvocal des gedehnten *ǫ* eintrat. Es fallen demnach diese
beiden Umlautvocale ebenso zusammen wie ihre Grundvocale.

Beispiele:

grãẽzə „eigensinnig weinen" (Heinz. pg. 31.) zu mhd. *grázen*
„leidenschaftlich erregt sein", got. *grētan* „weinen", agls.
grœtan, greótan, an. *gráta.* Daneben ein Stamm mit kurzem
a in mhd. adj. *graz* „zornig", subst. „Leidenschaftlichkeit."
gnãẽrich „gnädig" von ahd. *gináda.*

hãẽsbə „Thürhaken" agls. *hœsp, hœps.* Vielleicht ist in mhd.
haspe, ahd. *haspa* ein *á* anzusetzen.

šãẽfr „Schäfer" von *šaof.*

hãẽbə „sichelartiges Instrument für die Haubergsarbeit", auch
obd. finden sich Formen mit *á* wie schwäb. *hâp (hóp);* so ergibt sich mhd. *hápe,* ahd. *háppa.* Daneben Formen mit *a* in
mhd. *hęppę,* ahd. *hęppa.* Kluge ⁴ 144; Schade ² 1, 372.

gãẽ „jähe", „steil" mhd. *gache,* ahd. *gáhi.* Die alte Bedeutung
„plötzlich" liegt noch vor im sg. *gãẽhǫur* „Heisshunger".
Heinz. pg. 84.

bãẽ „bähen", „warme Aufschläge machen" zu mhd. *baen, baejen,*
ahd. *bäjan, bâan.*

bãẽxe „laut schreien" (vom Weinen kleiner Kinder) ist Intensitivbildung zu ahd. *bágan* „zanken", mhd. *bägen,* nhd. mundartl. *bägern.* Kluge ⁴ 16. Heinz. Wb. 9.

šãẽmḷ „Schemel" mhd. *schemel, schámel,* ahd. *scámal* ist ein
Lehnwort aus lat. *scamellum,* wo *a* in vulgärer Aussprache
lang gesprochen wurde.

šbãẽnchə, dimin. von *šbaõ,* besonders gebräuchlich in *šdrichšbãẽnchə*
„Streichholz".

šãẽər „Schere" ahd. *scári,* wahrscheinlich Pluralbildung zu *scár.*
cf. Kluge ⁴ 299.

mãẽərich „märchenhaft", „ausserordentlich", mhd. *maere,* ahd.
mári „glänzend", „herrlich" von ahd. *mári* „Märchen".

In *hãẽs* „schniger Teil an den Beinen des Schlachtviehs"
muss sehr früh nach Ausfall des *h* Dehnung des urspr. *a* zu

á eingetreten sein. Es entspricht mhd. *hahse, hehse* und viele
mundartlichen Bezeichnungen des Nhd. Schade² 1, 364.

Einen merkwürdigen Wandel von *ê* zu *â* weisen schon in
mhd. Zeit, und zwar besonders im Md., Praet. und Part. der
beiden Verba *kêren* und *lêren* auf, indem sie *karte, gekart* und
larte, gelart bilden. (Weinhold, mhd. Gr.¹ §§ 60, 56.). Weinhold
schliesst aus den Reimen, dass *á* in diesen Formen zu *a* gekürzt worden sei. Dass sich aber, im Volksmund wenigstens,
die alten Formen mit *á* erhalten haben, lehrt die sg. Mundart. Hier haben wir zu *kā͡eərn* die Formen *qaȯərdə, gəqaȯərt,
qaȯər* „Kehre" (cf. Heinz. pg. 31.). *frqaȯərt* „verkehrt", auch
„übelgelaunt", „launisch", von *lā͡eərn*, welches, wie schon mhd.
lêren das got. *laisjan*, ahd. *lêrran* und ahd. *lêrnên* in sich vereinigt, die Bildungen *lūȯərdə, gəlūȯərt, lūȯər* „Lehre", und zwar
sind diese Formen ausschliesslich im Gebrauch.

Wohl zu unterscheiden von *kā͡eərn* ist sg. *kêərn* „fegen",
durch Dehnung des Stammvocals aus ahd. *kęrren*, mhd. *kęrn*
hervorgegangen. Contamination beider Verben ist eingetreten
in *bəkêərn* „bekehren", welches im Infinitiv zu *kêərn* gestellt
wurde. Es lässt dies wohl auf Entlehnung des Wortes aus
der Schriftsprache schliessen. Im Part. und Praet. stehn beide
Bildungen *bəkêərdə, bəkêərt* und *bəqaȯərdə, bəqaȯərt* neben einander;
die letztern Formen werden endlich noch häufig in *beqȯərdə,
bəqȯərt* entstellt, vielleicht in Anlehnung an Formen wie *hȯərdə*
zu *hêərn*.

Das germ. ê.

Das germ. *ê*, dem auch got. ein *ē* entspricht, ist ein verhältnismässig sehr seltener Laut. Einen kleinen Zuwachs erhielt sein Bestand durch einige lat. Lehnwörter. (Behaghel
P. G. 1, 3, pg. 563.).

Im Nd. blieb *ê* in and. Zeit unversehrt erhalten, eine Ausnahme scheint nur das Ndfrk. gemacht zu haben, dass *ie* dafür
eintreten liess. Später liessen auch die meisten andern nd.
Mundarten *ê* nicht unverändert, sondern diphthongirten es zu
ei. Nur einige Dialekte der Nordseeküste haben *ê* bis heute
bewahrt.

Im Hd. wird zunächst im 8. Jahrhundert *é* in der Schrift diphthongirt zu *ea*, welches sich dann in ahd. Zeit über *ia* zu *ie* entwickelt, das im Mhd. das allein herrschende ist. (Weinhold, mhd. Gr. ¹ § 111; kl. mhd. Gr. ² § 36.).

Dieses *ie* resp. *ï* zeigen nun meistens auch die sg. Urkunden. So steht *hï* in 130, 140, 147 etc., *hie* in 266 u. a. Aber dieses *ie* müssen wir auf Rechnung der mhd. Urkundensprache setzen, in dem Munde des Volkes erhielt sich wie sonst rip. so auch sg. das germ. *é* unversehrt bis auf den heutigen Tag. Auch aus den Urkunden ist es noch nicht ganz verschwunden, denn wir haben *hee* sowohl in sg. Uk. 267 als auch in 288. Wiederum haben wir hier ein Beispiel, dass das sg.-rip. Idiom eine seiner nd. Eigentümlichkeiten besser bewahrt hat als das Nd. selbst. Eine Annahme, dass in mhd. Zeit *ie* im Sg. einmal vorhanden war, später aber wieder dem *é* wich, erscheint mir undenkbar. (cf. *ô*).

Die wenig zahlreichen Beispiele sind:

hé „hier" mhd. *hie, hier*, ahd. *hiar, hear*, agls. *hér*, as. *hier, hir, hér*, got. *hér*. Aus dem md. *hi* erklären sich urk. Formen wie *hiüber* (sg. Uk. 305), *hibi* (193).

Fast verdrängt durch das der Schriftsprache entstammende *vi* ist sg. *vé*, das vielleicht der direkte Nachfolger des got. Instrumentalis *hé* ist. Solche Instrumentalformen sind wohl auch das ahd. *wea* und *wia*, die später zusammenfielen mit dem dem got. *hwaíva* entsprechenden ahd. *hwéo*. Das sg. Wort kann nicht Nachfolger jenes got. *hwaíva* sein, denn es müsste dann, wie wir beim *ai* sehn werden, wenigstens im östl. Siegerland *réo* lauten. Ebenso wenig entspricht auch sg. *vé* dem gemmd. *wé* (Schade ² I, 438.), dessen *é* seinerseits nicht auf urspr. *é* beruhen kann. Wir müssen also wohl in dem sg. *vé* einen letzten Rest des alten Instrumentalis annehmen. Auf urspr. *é* deuten auch die Schreibungen der sg. Urkunden: *wï* (140), *wee* (288).

Ein vor der hochdeutschen Diphthongirung von *é* herübergenommenes lat. Lehnwort ist das Wort *Brief*, sg. *bréf*, lat. neutr. *breve*, in vulgärlat. Aussprache *bréve* entsprechend. Ahd. haben wir *briaf, brief*, as. *bréf*. Die sg. Urkunden haben meistens *ie* (*ï*): *briebe* (324), *brïf* (195), *brïfe* (208) etc., daneben jedoch auch *i*: *brif* (130; 147), *bryff* (301), endlich auch *é*:

breff (152). In den Formen *breyf* (191; 269), *breif* (151) liegt
wohl die in den sg. Urkunden sehr häufig gebrauchte nd.
Schreibung von Diphthong für langen Vocal vor (cf. Behaghel P. G.
I, 3, pg. 565.). Wir hätten also auch hier *ê* in der Aussprache
anzunehmen.

Ein auf urgerm. *iz* beruhendes *ê* liegt vor in sg. *mêrə*
„mieten" von ahd. *mieta*, *miata*, as. *mêda*, agls. *mêd*, got. *miz-
dô*. cf. griech. μισθός.

Eine ganz beträchtliche Einbusse droht dem Bestand des
ê im sg. Dialekt dadurch, dass bei den redupicirenden Verben,
wo im Praet. sowohl im Mhd. als in der nhd. Schriftsprache
noch der lautgesetzliche Nachfolger von westgerm. *ê*, das *ie*,
in Gebrauch ist, das zu erwartende *ê* zwar noch vorhanden
ist, aber schon als archaische Form gilt, welche man lieber
durch ein moderneres *ô* ersetzt. Dass schon im Mhd. Ansätze
zu dieser eigentümlichen Entartung vorhanden waren, und wie
sie sich entwickelt hat, können mhd. Formen wie *huz* (Weinhold, mhd. Gr. [1] §§ 88, 343) und *gung* (ebendas. § 340) erweisen.
Befördert wurde diese unorganische Bildung vielleicht durch
Anlehnung der redupicirenden Verba mit dem Stammvocal
a im Praesens an die 6. ablautende Klasse (got. Ablautsreihe
a ô ô a). Wir erhalten demnach im Sg. neben den entsprechenden Formen mit *ê* als fast allgemein durchgedrungene Neubildungen: *fôl* „fiel", *hôl* „hielt", *hôz* „hiess", *lôf* „lief". *blôs*
„blies", *brô* „briet", mit Kürzung *fovk* „fing", γον „ging".

ruofen, sg. *rôfə* war schon im Mhd. zur schwachen Conjugation übergegangen (Weinhold, mhd. Gr. [1] § 342.), das Praet.
lautet auch sg. *rôfdə*, daneben selten noch *rêf*, das Part.
immer *gərôfə*.

Das germ. i.

Das germ. *i*, dem idg. langen *i*-Laut entsprechend und im
Got. von Wulfila durch *ei* bezeichnet, beginnt in mhd. Zeit, zu-
nächst in Oesterreich und Bayern, sich in zwei Laute zu spalten.
Im 14. Jahrhundert hat diese Diphthongirung sich schon nach
Böhmen, Franken und Schlesien ausgebreitet. In der nhd.
Schriftsprache ist die Spaltung des *i* dann vollständig durchge-

gedrungen und geht so weit, dass die Schrift zwar meist *ei*,
die Aussprache aber überall *ai* hat.

Anders verhält es sich mit den Dialekten. Vollständige
Diphthongirung haben wir nur im Bayr.-Oestr., Obfrk., südl. Rip.,
Obsächs. und Schles. Das alte *i* ist im Wesentlichen erhalten
im Südalem. (Schweiz und Elsass) wie im ganzen Nd. Endlich
haben wir in den dazwischen liegenden Gebieten, im nördl.
Ripuarien, in Schwaben und in Thüringen einen Uebergangs-
status, indem sich hier nur Spuren der beginnenden Diphthongirung zeigen. (vgl. Behaghel P. G. i, 3, pg. 565.).

Zu diesen letztgenannten Mundarten, deren Lautgestaltung
hier besonders von Interesse ist, gehört auch die siegensche.
Sie lässt nie *ai* eintreten und stellt sich so in einen scharfen
Gegensatz zum Hessischen und östl. Nassauischen, wo, wenn-
gleich die Diphthongirung zuweilen bei *ei* stehn blieb, der
Spaltungstrieb doch sonst so stark war, dass sogar unorganische
Diphthongirungen zu vermerken sind, z. B. in *aich* „ich".

Indessen ist dennoch die Zahl der erhaltenen *i* im Sg.
nicht gross, da *i* meistens der Verkürzung zu *i* verfiel. (Heinz.
pg. 31 f.).

Erhalten blieb *i* nur, wo Ersatz der Vocallänge durch Con-
sonantengemination nicht möglich war, also vor den weichen
Spiranten *s*, wenn es ursprünglich intervocalisch war, *r*, das sg.
aus germ. ð entstand, *r*, das auf *ʒ* zurückgeht, und echtem *r*,
vor dem *iə* eintritt.

Beispiele:

isə „Eisen" ahd. *îsan*, got. *eisarn*.

rîs „Weise" ahd. *wîsa*.

frgîstrt „verstört", „stark erschrocken" (Heinz. pg. 32; Schmidt
pg. 292.), schon von diesen zu got. *usgeisnan* gestellt. Dazu
gesellt sich noch an. *geis* „gewaltsames Verfahren", *geisa*
„mit Wut hervorbrechen". Das sg. Wort ist vielleicht geeignet, die Ableitung von ahd. mhd. *geist* aus dieser Wurzel
gîs-, *gais-* zu stützen. Schade² i, 292; Kluge⁴ 108.

šîər „lauter", „rein" an. *skîr*, agls. *scîr*, got. *skeirs*. Ein Compositum ist *šiərënzich*, vielleicht aus *šîər* und *ainzich*, mit
verstärkter Bedeutung. Kluge⁴ 301. Vilm. 350.

šbīr „Halm“, „Haar“ (Vilm. 393; Heinz. 76.) gehört vielleicht zu mhd. ahd. *spër.*

miər „wir“ mit Uebergang von *w* zu *m*, der sich auch sonst dial. findet; ahd. *wir*, got. *reis.* Schon mhd. *wir* hat *i* gekürzt. Weinh., kl. mhd. Gr. ² § 64.

virr „Weiber“, plur. von gekürztem *riff* „Weib“, ahd. *wîp*, agls. *wif.* Ableitungen davon sind *rismënšə* n. „Weibsperson“ (städt. *ribsmënšə*), plur. *rislî* „Weibsleute.“

zvīɛ̜l „Zweifel“ ahd. *zwîfal.*

blīrə „bleiben“ ahd. *bilîban*, got. *bilciban.* (cf. *blǟrə* pg. 87).

rīʋ „Reibeisen“ zu *rīʋə* ahd. *rîban.*

zīrə „Zeiten“, plur. von *zītt* „Zeit“ ahd. *zît.*

vī „Weide“, „salix“ ahd. *wîda.*

šnīr̗ „Schneider“ von *šnīrə* ahd. *snîdan*, got. *sneiþan.*

Lat. Lehnwörter sind:

šbis nur noch „Maurerspeise“, „Mörtel“ ahd. *spîsa*, mlat. *spêsa* aus **spensa.*

si „Seide“ ahd. *sîda*, lat. *sêta.*

fīərn „feiern“, *fīərdáx̜* ahd. *fîratag*, lat. *fêriae.*

Stand *s* im Auslaut und deshalb *i* in geschlossener Silbe so tritt unter Verdopplung des *s* Kürzung des *î* zu *i* ein. Beispiele s. unten.

i bleibt auch in dieser Stellung erhalten in

rīs „Reis“, „Zweig“ ahd. *rîs*, *hrîs.* Hier erklärt sich *î* vielleicht aus Einwirkung des sehr häufigen Plurals.

grīs „greis“ ahd. *grîs* erklärt sich vielleicht aus Analogiewirkung des viel häufigern *grîsich.* (s. die Suffixe).

In allen andern Stellungen wird *î* sg. zu *i* verkürzt unter Verdopplung des folgenden Consonanten. Das so entstandene *i* unterscheidet sich von dem germ. *i* durch grössere Constanz, da es der Senkung zu *e̜* zu widerstehn vermag.

Beispiele:

ritt „weit“ ahd. *wît.*

šitt „Scheit“, auch weibl. Schelte, ahd. *scît.*

vizz „weiss“, ahd. *wîz*, got. *hveits.*

iss „Eis“ ahd. *îs.*

rizzə „reissen“ ahd. *rîzan*, as. *wrîtan.*

risdə „Bund Flachs" mhd. *riste,* auch sonst nhd. dial. vorkommend. Schade² ii, 718.

gnisdə „anklebender Dreck", bes. „Nasendreck" (Heinz. 100),
mhd. *gnist,* nhd. thür. hess. (Vilm. 211) tirol. *gneist,* zu *gnitan*
„fricare". Schade² i, 339.

gnipp „sichelartiges Messer" nnd. *knif,* thür. *knif,* engl. *knife,*
an. *knifr.* Obd. *kneif* und *kneip* stammen aus dem Nd.
Schade² i, 501. vgl. mhd. *gnippe* „Dolch".

siffə „Talschlucht mit durchsickerndem Wasser", auch in Orts-
namen wie *Dornsiffə*, *Boqqsiffə* etc., entspricht md. *sife*
(Schade² ii, 760.), vgl. urk. *Sifen* (sg. Uk. 147.). Derselbe
Stamm liegt vor in md. *sifen* „tröpfeln", nnd. *sipen, sipern,*
afris. *sipa,* engl. *sipe,* nd. *däksipe* „Dachtraufe" (Heinz. pg. 80).
Dazu *säṙṙ* (pg. 87.).

šibbḷn „wälzen", „rollen", Iterativbildung zu ahd. *sciben,* mhd.
schiben.

hibbəz „penis" zu dem Stamm *hiw-* „heiraten", der vorliegt in
ahd. *hiwo, hiwi, hiwjan, hiwunga,* as. *hiwiski.* Die Verhärtung
des *w* zu *b* findet sich noch in mhd. *hibaere,* abd. *hibâri, hibârig.*
(Ueber das Suff. *-əz* s. die Suffixe). cf. hess. *hiller* Vilm. 168.,
hippel Vilm. 170. Zu demselben Stamm gehört jedenfalls
sg. *hisdə,* eine Schelte für ein erwachsenes Mädchen, gebildet
wie mhd. *hister* „heiratslustig" (Schade² i, 403) und im Sg.
behandelt wie *gnisdə, risdə* (s. o).

šdijjə „steigen" ahd. *stigan,* got. *steigan.*

dich in der Bedeutung dem nhd. nd. Lehnwort *Deich* entsprechend, während die Bedeutung des nhd. *Teich* ihm ganz
fremd ist, gehört zu nd. *dik,* ndl. *dijk,* agls. *dike,* engl. *dike.*
Davon vielleicht *ärich* „Canal". (s. bei den Compos).

kich in der Redensart *dṙ kich há* „das Keuchen haben", „brust-
krank sein" entspricht mhd. *kiche* „Keuchen", „schweres
Atmen". Dazu gehört wohl das sg. *sech kichḷn* „sich nieder-
kauern", *off dṙ kichḷ sẹtzə* „kauern". Die Grundbedeutung
ist also wohl die des Gebeugten, Zusammengekauerten. Nasalirung der Wurzel liegt vor in holst. *kinghosten,* ndl. *kink-
horst.* Kluge⁴ 168.

šlichə „Regenwurm" ist hd. nur erhalten in nhd. *Blindschleiche,*
ahd. *blintslicho* von *slihhan* „schleichen". *Blindschleiche* ist
sg. unbekannt.

fill „Feile" ahd. *fila* aus *fihala.* Kluge [1] 81.

iln „eilen" ahd. *ilen.*

kimm „Keim" ahd. *chim. chimo.*

rimmchə „Gedicht" ahd. *rim,* agls. *rim* „Zahl".

riu „Wein" ahd. *win,* got. *vein.*

liu „Lein", „Flachs" ahd. *lin.*

grinnchə „Kaninchen", westerw. *greinche, kreinche,* hess. *grein-hase* (Vilm. 136; Heinz. 32.) von ahd. *grinan* „die Zähne fletschen."

Ein lat. Lehnwort ist *griddə* „Kreide" mhd. *kride,* sp. ahd. *krida* aus lat. *creta.*

Fällt hinter ursprünglichem *i* schliessendes *n* aus, wie es im Dialekt von Hilchenbach geschieht, so wird *i* zum Ersatz wieder gedehnt: *mi* „mein", gemsg. *miv;* *ri* „Wein", gemsg. *riv.*

Im äussersten Südosten des Siegerlands (so in Wilnsdorf) hat aus schliessendem *n* entstandenes *v* die Kraft, vorhergehendes aus *i* verkürztes *i* zu *ë* zu brechen; z. B. *mëv, dëv, rëv* etc. vgl. die franz. Aussprache von -*in.*

Ganz besonders interessant gestalten sich die Lautverhältnisse des Sg., wenn germ. *i* im Inlaut vor Vocal oder im Auslaut stand, denn hier können wir den langen Vocal in seinen ersten Schritten auf dem Wege der Diphthongirung beobachten. Auszugehn ist dabei von der Stellung des *i* vor Vocal.

Wie suffixales *j* hinter vocalischen Stämmen im Mhd. sehr häufig schwand (cf. Weinhold, mhd. Gr. [1] § 221; kl. mhd. Gr. § 95), so wurde andrerseits nicht selten aus langem Vocal vor Vocal eine Spirans entwickelt, welche zur Vermeidung des Hiatus diente. Dass diese Spirans lediglich zur Beseitigung des Hiatus verwandt wurde, ist auch der Grund dafür, dass *j,* mochte es nun ursprünglich suffixal oder aber aus langem Vocal hypostasirt sein, besonders im Md. nicht selten in die labiale Spirans *w* übergehn oder auch sich zur palatalen Gutturalis *g* verhärten konnte. (Weinhold, mhd. Gr. [1] § 206; kl. mhd. Gr. [2] § 90). Letztere Erscheinung findet sich auch im Nd., und das dem Sg. benachbarte Westfälische weist sie noch heute auf. (Heinz. 32 f.).

Im Sg. geht nun unter nd. Einfluss diese Entwicklung

einer Spirans zwischen *i* und folgendem Vocal regelmässig vor
sich. Indessen wird hier durch die Spirantenentwicklung aus
dem *i* der übrigbleibende vocalische Bestandteil des langen
Vocals dermassen geschwächt, dass er von dem hoch articulirten *i* zu tiefem, offenem *ë* herabsinkt. Da nun die Spirans
halbvocalischen Charakter zeigt, so ergibt sich als Vertreter
des *i* ein *ëį*, ein unechter Diphthong, der ungefähr die Mitte
hält zwischen dem vollen hessischen Diphthong *ai* und dem in
seinem letzten Bestandteil durchaus consonantischen westfälischen
iჳ. Dieser Zwitterlaut *ëį* ist auch sonst im Ripuarischen nicht
selten und ist etwa zu vergleichen mit jenem *əi*, das der schwäbische Dialekt für germ. *i* bietet. (Weinhold, mhd. Gr. ² § 105 ff.).

Wie nun das Sg. in der Entwicklung des *i* nach dem
Diphthong dem Hd. mehr entgegenkommt als z. B. das nd.
Westfälische, so ist diese eigenartige Behandlung des *i* im Sg.
auch zu weiterer Verbreitung gelangt als im Nd. Wir haben
nämlich das sg. *ëį* auch im Auslaut, wo das Westfälische und
andre nd. Mundarten das *i* unversehrt erhalten. Hier müssen
sich zunächst, je nachdem das folgende Wort mit Vocal oder
mit Consonant anlautete, Doppelformen ergeben haben, wobei
das Sg. die der hd. Entwicklung am nächsten stehende, das
Nd. die entgegengesetzte Form als allgemein gültig annahm.

Zur Illustration der sg. Lautverhältnisse und ihrer Stellung
zu den Nachbardialekten mag ein Wort dienen, dass auch
Heinz. (pg. 33) zu diesem Zweck benutzt. Es ist das sg. *fröįərëį*
„Brautwerbung“, wofür wir hess.-nass. mit vollem Diphthong
fraierai, westf. aber mit verschiedener Entwicklung in Inlaut
und Auslaut *friggerî* haben.

Dass diese sg. Lautentwicklung noch verhältnismässig jung
ist, erhellt daraus, dass die Urkunden, soweit sich dies bei der
Seltenheit der Fälle beobachten lässt, noch durchgängig un-
versehrtes *i* zu haben scheinen. Das Zahlwort *drei* tritt wenigstens noch überall in den Urkunden als *dri*, *drŷ* auf.

Doch auch so schon ist die Behandlung des *i* im Sg. in
der Stellung vor Vocal interessant genug, um noch einmal im
Zusammenhang vorgeführt zu werden. Die Uranfänge der Diphthongirung des *i* liegen demnach in der Entwicklung eines halbvocalischen Spiranten aus dem langen Vocal, der zunächst nur
zur Vermeidung des Hiatus dienen soll. Darauf erfolgt Senkung

des übrigbleibenden vocalischen Bestandteils des *i*, während
die Spirans *i* ihre hohe Articulation beibehält, und der Diphthong ist in seinen Anfängen geschaffen. So weit geht die
Entwicklung im Sg. Nun kann die Diphthongirung weiter
schreiten, indem sich der erste Bestandteil des Doppellauts
noch mehr von seiner ursprünglichen palatalen Articulation entfernt und ganz zu *a* wird, während die ursprüngliche Spirans *i*
allmählich dem vollen Vocal *i* sich nähert und dem *a* ganz
gleichwertig wird. Und wie an Intensität, so gewinnt die
Diphthongirung auch an Verbreitung, bis schliesslich jedes *i* ihr
verfallen ist. Diesen Stand haben denn auch schon viele hd.
Mundarten erreicht. Mag auch im Einzelnen die Diphthongirung
des *i* nicht überall genau in dieser Weise verlaufen sein, sicher
ist doch, dass sie im Inlaut vor Vocal zuerst auftritt, und dies
wird auch durch viele andre Dialekte bestätigt. cf. Behaghel
P. G. 1, 3, 565.

Beispiele:

drëi̯ „drei" mhd. ahd. *drî*, got. **þreis*. In der Zusammensetzung
druzə „dreizehn" ist der Rest des alten neutralen *driu*, md.
drû erhalten, den das schon als Compositum empfundene
drëi̯ honn̩t nicht mehr zeigt. Die Urkunden haben die neutrale Form noch in beiden Fällen; sowohl *druzenhundert*
(276; 324; 290) als auch *druhundirt* (266; 288; 309), *drû-*
hundert (302; 311), daneben allerdings auch schon *dryhundert*
(332), *drihundert* (260; 268), während sich bei 13 eine solche
Form nicht zeigt. 30 ist sg. *drizzich* ahd. *drizug*, urk. *dri-*
zegisten u. ä. (188; 191; 193; 211.).

brëi̯ „Brei" mhd. *bri, brie*, ahd. *brio*, ndl. *brij*, agls. *briw*.

vëi̯ „Weihe", *hônr̩rëi̯* „Hühnerhabicht", mhd. *wie*, ahd. *wie* aus
*wijo.

sëi̯ „Seibe", dimin. *sëi̯lchə* „kleiner geflochtener Korb", zu mhd.
sihe, ahd. *siha*.

rëi̯ „Reihe" mhd. *rihe*.

dëi̯ə „gedeihen" ahd. *dîhan*, got. *þeihan*.

glëi̯ə „Kleien" mhd. *klie, klien*, ahd. *chlia, chliwa*, mnd. *clige*.

brëi̯l̩ „Beil" mhd. *bihel* neben *bîl*, ahd. *bihal, bial*.

Ein lat. Lehnwort ist sg. *vëi̯r* „Weiher" mhd. *wîwer*, ahd.
wiwâri, wîâri aus lat. *rivarium*.

Eine Ausnahme macht scheinbar *bi* „bei". Hier liegt aber

nicht urspr. *i* sondern spätere Dehnung von *bi* zu *bi* vor, wie schon Heinz. pg. 33 sah. cf. Weinhold, kl. mhd. Gr. § 26. Kluge[4] 23. Merkwürdig ist allerdings die Dehnung zu *i*.

Im alleräussersten Südosten, an der Grenze des Südfrk., tritt auch da, wo sonst *i* als Länge erhalten bleibt, das *ëï* ein, ein Beweis, dass es die Vorstufe zur Diphthongirung ist. Wir haben also hier *ëïsə* „Eisen“, *šëïr* für gemsg. *šiər*, *blëïvə* „bleiben“, *šnëïrə* „schneiden“ etc.

Das germ. ô.

Die Entwicklung des germ. *ô* geht zwar im Ganzen doch nicht in allen Einzelheiten parallel der des germ. *ê*.

Von der Mitte des 8. Jahrhunderts an erscheinen in der Schreibung obd. Literaturdenkmäler für germ. *ô* Diphthonge. Zunächst sehn wir in alemannischen Texten *oa*, später *ua*, nach 900 allgemein *uo* geschrieben. Gleichzeitig hat auch das Bair. die Schreibung *uo* eingeführt, ohne dass sich hier jedoch jene Zwischenstufen der Entwicklung nachweisen liessen. Von den fränkischen Mundarten hat nur der südliche Teil des Südfrk. (Otfrid) das alemann. *ua*, während in den meisten andern frk. Denkmälern schon seit Ende des 8. Jahrhunderts *uo* herrscht. cf. Braune, ahd. Gr.[2] §§ 38 ff. In mhd. Zeit endlich tritt in den meisten md. Dialekten. so in der Wetterau, Thüringen, Meissen, Schlesien an Stelle des *uo* ein *û*, das auch in der nhd. Schriftsprache fest wurde. (Weinhold, mhd. Gr.[1] § 87).

Auf diesem Wege von dem germ. *ô* zu dem nhd. schriftsprachlichen *û* sind die ahd. mhd. Schreibungen *oa*, *ua*, *uo* die Zwischenstationen. Diese Laute waren aber nicht. wenigstens nicht zu allen Zeiten, echte Diphthonge, in denen beide Vocale gleich berechtigt gewesen wären. Träger des Accents ist vielmehr nur das *u*, das daher auch bald zu *û* wurde; der zweite Vocal, ehemals allerdings dem *u* gleichberechtigt und wie dieses aus dem circumflectirten germ. *ô* hervorgegangen, verlor sehr früh den Accent und sank zu einem blossen Nachschlag herab. Aehnliche Nachschlagvocale sind uns im Sg. schon öfter begegnet und werden uns auch später noch beschäftigen. Sie bilden sich stets wenn ein hochtoniger langer Vocal in einen andern übergeht. Jenen Nachschlag des sich aus dem *ô* bildenden *û* würden wir heute etwa allgemein mit *o* bezeichnen, die Verschiedenheit seiner schriftlichen Darstellung im Ahd. hat für die Sprachgeschichte wenig Interesse und ist nur von Bedeutung für die Trennung der ahd. Dialekte, welche den nachschlagenden Vocal bald breiter (alem. *ua*), bald weniger breit (*uo*) sprachen. Der allgemein herrschende Trieb nach Verengung, der diese ganze Bewegung des germ. *ô* bewirkt hatte, liess dann später die engste Form *uo* allgemein werden, bis schliesslich im Ostmd. das *o* ganz im *u* aufging. Dieser Charakter des ahd. *uo* macht es klar, dass der Laut, wo er vorkam, immer zu *û* notwendig führen musste. Die Mundarten also, welche heute ein *ô* für germ. *ô* aufweisen, können ein *uo* nie gehabt haben. Wir müssen hier vielmehr ununterbrochenes Leben des alten *ô* wenigstens im Volksmund annehmen. Ist doch *ô* auch aus den Schriftdenkmälern nie ganz geschwunden und in Ripuarien, an der Mosel und an der Lahn sogar ziemlich fest. (Weinh., mhd. Gr. [1] § 77). Wenn aber in den mittelalterlichen Texten auch dieser Gebiete für germ. *ô* ein *uo* oder *û* erscheint, so ist das lediglich Einfluss der mhd. Urkundensprache, die ja auch in bair. Denkmäler das md. *û* eingeschmuggelt hat. (Weinh., mhd. Gr. [1] §§ 75, 77, 131).

Auch im Nd. haben wir zwei verschiedene Entwicklungen. Während das As. nach Ausweis der Literatur *ô* unversehrt erhielt und es erst neuerdings in einigen Dialekten wie im Westfäl. zu *au* diphthongirte (Heyne, as. u. andfrk. Gr. pg. 7; Gallee, as. Gr. pg. 16; Behaghel P. G. 1, 3, 563), haben die wenig zahlreichen andfrk. Texte, wie die hd., *uo*, das, im Mndl. *oe* (*ue*) geschrieben (Franck, mndl. Gr. pg. 28 ff.; Heyne a. a. O. pg. 15), in der heutigen Aussprache des Nndl. *û* geworden ist. Auch hier fehlen Schreibungen mit *ô* nicht.

Dass die in der schriftlichen Darstellung vorhandene Spaltung des *ô* in *uo* nie eine richtige Diphthongirung sondern lediglich der Ausdruck einer nach Zeit und Ort verschiedenen, doch durch die Geschäftssprache zum Ausgleich gebrachten, sich sehr langsam vollziehenden Tonerhöhung des alten *ô* war, die allein der circumflectirenden Aussprache des *ô* ihre Vollziehung verdankt, zeigt der Umstand, dass sich *ô* in nebentonigen Silben sowohl hd. als andfrk. erhielt. (Weinh., mhd. Gr. [1] §§ 75, 77; Heyne, as. u. andfrk. Gr. pg. 15).

Zu den Dialekten, welche *ô* bewahrten, gehört auch das Sg. Zwar haben die sg. Urkunden meist auch das *uo* resp. *û* der Geschäftssprache, doch fehlt auch *ô* nicht ganz. Das zeigen Schreibungen wie *zô* (152), *zcô* (310), *dôn* (324), *brôder* (266) u. a. Auch nd. diphthongische Bezeichnungen wie *doen*, *goede* (152), *doin* (245, 288), *doenn* (301) etc. dürfen wir als Zeugen für *ô* in Anspruch nehmen.

Beispiele:

môt „Mut" ahd. *muot*, got. *môps*.

môs „Mus", bes. „Gemüse" ahd. *muos*, as. *môs*. Davon *sûarmôs* „Sauerkohl", *grêmôs* „Grünkohl".

rôst „Russ", mit auslaut. *t*, ahd. *ruoz*, ndl. *roet* „Russ". Kluge⁴ 287.

grôv „Grube", „Bergwerk" ahd. *gruoba*, got. *grôba*.

ôvr „Ufer" mhd. *uover*, agls. *ôfer*.

rôfə „rufen" ahd. *ruofan*, as. *hrôpan*. cf. pg. 61.

rôჳ „Ruhe" ahd. *ruowa*, agls. *rôw*.

blôχ „Pflug" ahd. *pfluog*, agls. *plôh*.

dôχ „Tuch" ahd. *tuoh*, as. *dôk*.

šô „Schuh" ahd. *scuoh*, got. *skôhs*.

qô „Kuh" ahd. *kuo*, as. *kô*.

pôl „Pfuhl" mhd. ahd. *pfuol*, agls. *pôl*.

blôm „Blume" ahd. *bluoma*, got. *blôma*.

hô „Huhn" ahd. *huon*, as. *hôn*.

Abweichend von der Schriftsprache hat das Sg. alte Länge bewahrt in

môrr „Mutter" ahd. *muotar*, as. *môdar*.

fôrr „Futter" ahd. *fuotar*, agls. *fôdor*.

grômət „Grummet" mhd. *gruonmât* wollen wir auch hier nennen.

Dagegen haben wir auch sg. Verkürzung in *moჳჳə* „müssen" ahd. *muozan*, got. *ga-môtan*.

In der Zeitpartikel *dô* „damals" haben wir im Sg. für *ô* gewöhnlich ein *û*, also meistens *dû*, *dûmôls*. Schon in mhd. Zeit war „*dû* im Md. geradezu Regel" (Weinhold, mhd. Gr.¹ § 68). Urk. haben wir *dû* (123); vgl. Schade² I, 106.

Auch ursprüngliches *ô* unterlag dem Umlaut durch vorhanden gewesenes *i, j* des Suffixes. Der lautgesetzlich erwartete Umlautvocal *ôe* ist jedoch im Md. unbeliebt. Das zeigen sehr viele md. Mundarten dadurch, dass sie dem Umlaut über-

haupt widerstreben. resp. ihn nicht schriftlich bezeichnen.
(Weinhold, mhd. Gr. ¹ § 82). Der siegener Dialekt lässt für *oͤ*
den entsprechenden hellen Laut *é* eintreten, nur im Westen
(Freudenberg) und Norden (Ferndorf) ist *oͤ* möglich.

Beispiele:

hérə „hüten" ahd. *huoten,* as. *hôdian,* agls. *hédan.*

mê „müde" mhd. *müede,* ahd. *muodi,* as. *môði,* agls. *méðe.*

drés „Drüse" mhd. *drüese, druose,* ahd. *druosi.*

sézə „süss" ahd. *suoẓi,* as. *swôti,* agls. *swêti.*

dést, dêt, 2. u. 3. Pers. Sing. Ind. Praes. von *dô, dúo* „tun" ahd.
tuon, as. *dôn.* Die ostsg. Infinitivbildung *dúo* ist wohl durch
falsche Analogie nach *śdúo* und *ɣúo* gebildet, wo *úo* lautgesetzlich ist. (pg. 56).

èvə „üben" ahd. *uoben,* as. *ôbian.*

dévrn „drüben", auch mit Vocalkürzung *dέrrn,* hat merkwürdige
Metathesis des *r,* die, wie es scheint, durch Unbeliebtheit
von Cons. + *r* im Anlaut hervorgerufen ist. vgl. *śaṅk* zu
Schrank (s. pg. 14)

blé „blühen" mhd. *blüejen,* ahd. *bluojan.*

bré „Brühe" mhd. *brüeje.* Es gehört zu *bré* „brühen", das sg.
auf dem Land sich auch für „brennen" eingebürgert hat,
während man in der Stadt *brënn* aus der Schriftsprache
herübernahm.

glér „klüger", Compar. zu *glôχ* mhd. *kluoc.*

séchst, sécht, 2. u. 3. Pers. Sing. Ind. Praes. zum Inf. *sôχə, séchə.*
Die letztere Infinitivform, gebraucht auf dem Lande, ist
wahrscheinlich die echte sg. Lautform; sg. st. *sôχə* beruht
wohl auf Einfluss der Schriftsprache. Dem umgelauteten
séchə entspricht got. *sôkjan,* as. *sôkian,* agls. *sécan,* während
im Hd. umgelautete Formen selten sind. Die md. Formen
ohne Umlaut haben wohl hier die Bildungen *süechen, sóechen,*
die sich allerdings auch finden, verdrängt.

kél „kühl", mhd. *küel,* ahd. *chuoli.*

drél „trübe" ist eine eigentümliche Bildung, deren Verhältnis
zu mhd. *trüebe,* ahd. *truobi,* agls. *drôf* nicht klar ist.

kémlqalf „Kuhkalb" ist ein tautologisches Compositum, dessen
erster Bestandteil wohl unzweifelhaft ein dimin. von *qô,* mhd.
ahd. *kuo* ist. Wie die urverwandten Wörter zeigen, schloss

der Stamm dieses Wortes ursprünglich mit *r*. Ein Diminutiv mit dem Suffix -*ila* lautete daher nach Abwerfung des Flexionsvocals *qȯvil, im Sg. **kȇrl̦*. Nun ging hier wie in sg. *mïər* zu hd. *wïr* das *v* in *m* über, was auch sonst dial. häufig ist (Weinh., al. Gr. § 168); so entsteht *kȇml̦*, wofür sonst dial. *kuose, küese* vorkommt. (Schade² I, 525). cf. Schmidt 95 u. XII.

grȇ „grün" mhd. *grüene*, ahd. *gruoni*, agls. *grȇne*.

Verkürzung des Umlaut-*é* vor gedecktem Nasal haben wir in sg. *hȩn̦kl̦* „Küchlein", dimin. von *hȯ* „Huhn". Auch andre westmd. Mundarten haben eine Bildung *hünkel*, wofür obd. *hüenli*, nd. *küken*, ahd. *huonichli* steht. Kluge⁴ 193. Schade² I, 432.

In einem Fall hat auch das Sg. nach omd. Weise germ. *ō* zu *ů* erhöht, nämlich vor *r*, wobei sich aber das nachschlagende *ə* wie immer vor *r* erhalten hat:

švůər „Schwur" ahd. (*cid*)*swuor*.

šnůər „Schnur" ahd. *snuor*, ndl. *snoer*. Davon sg. *šnaqqəšnůər* „Peitschenschnur", die wegen der Schnelligkeit ihrer Bewegungen beim Knallen mit der Peitsche von dem nd. *schnake*, agls. *snacu*, mhd. *snâke*, einem sagenhaften, schlangenartigen Tier von grosser Schnelligkeit, (Schade² II, 836; Kluge⁴ 311), ihren Namen erhielt. *šnuər* ist sg. masc. u. fem., *šnaqqəšnuər* masc.

Der Umlaut dieses *ůə* ist *iə*: *šviər* Opt. Praet.; *šnierchə*.

ó zeigen im Sg. lautgesetzlich die ablautenden Verba der VI. Klasse im Ind. Praet., während im Opt. Praet. der Umlaut *é* steht. So *mȯl — mél*; *vȯš — véš*; *šlȯ̧ — šléj*. Vor *r* steht natürlich *ůə* resp. *iə*: *fůər — fiər*.

Ueber das *ó* der urspr. reduplicirenden Verben s. pg. 61.

Eine eigentümliche Behandlung erfuhr schon im Ahd. und Mhd. das *ō* im Femininum der Zweizahl, got. *tvōs*, indem hier gewöhnlich auf dem ganzen nd. Gebiet *ō* wider die Regel erhalten blieb. Vielleicht hatte man dieses *ō* als ein monophthongirtes *au* aufgefasst, wozu ja die Monophthongirung des *ai* in ahd. *zwêne*, dem zugehörigen Masculinum, aus got. *tvái*

sehr leicht verleiten konnte. Dieser Auffassung entspricht denn
auch die Entwicklung im sg. Dialekt. Im südöstl. Siegerland.
auch in Eisern, lautet das Femininum der Zweizahl nämlich
zvɔ̀ə; *ɔ̀ə* ist aber in diesem Gebiet nicht das ursprüngliche *ɔ̀*
sondern der Nachfolger des *au*. wie wir später sehn werden.
Auch hier ist demnach eine falsche Auffassung des *ɔ̀*-Lautes
anzunehmen, die im östl. Siegerland auch noch dadurch begünstigt wurde, dass das hier lautgesetzlich das ahd. *zwéne*
vertretende masc. *zvé* als Umlaut eines zugehörigen femin. *zvɔ̀ə*
gelten konnte. Auch das sg. st. *zvó* kann man so auffassen,
freilich könnte hier *ɔ̀* auch auf germ. *ɔ̀* beruhen. da hier germ.
ɔ̀ und monophthongirtes *au* oft zusammenfielen. vgl. Weinh.,
mhd. Gr. [1] § 75; kl. mhd. Gr. [2] § 39.

Das germ. û.

Die Entwicklung des germ. *û* geht in allen hd. Dialekten
der des germ. *î* völlig parallel. Was daher über die Behandlung des *i* im Hd. wie im Sg. gesagt wurde, gilt auch von dem *û*.
So begann auch beim *û* die Gunirung im Bair. und breitete sich
von da nach Norden aus. Ebenso zeigt das germ. *û* der heutigen
Dialekte ganz dieselbe Behandlung wie das *i*. Behaghel: P. G.
ı. 3, 565; Weinh., mhd. Gr. [1] §§ 85, 99: kl. mhd. Gr. [2] § 42.

Auch *û* ist im Sg. nur erhalten vor den vier weichen
Spiranten: urspr. intervocalischem *s*, aus *ð* entstandenem *r*, aus
b gebildetem *v* und dem urspr. *r*. (Heinz. pg. 33). Vor echtem
r steht wieder *ûə*.

Beispiele:

sûsə „sausen" mhd. *sûsen*, ahd. *sûsôn*. Daneben steht in gleicher
Bedeutung eine wohl onomatopoëtische Neubildung *šnûsə*, der
im Anlaut nhd. *schnurren* entspricht.

lûsich „auf leichte Weise", „mit wenig Opfern", formal adj.
Bildung zu mhd. ahd. *lûs*, sg. *luss*. Die sg. Bedeutung ist
vielleicht geeignet, die Grimmsche Ableitung des Wortes *lûs* von
der Wurzel *lus-* „verlieren", sg. *frlɔ̀sə*, *frliərn*, die ja auch
an griech. φθίρ zu φθείρω eine Stütze hat. zu bestätigen.
Aehnlich stellt sich vielleicht sg. *qûsə* „hinwerfen", „nieder-
schmettern" zur Wz. *kus-*, welche vorliegt in mhd. ahd. *kus*,

vb. *kusjan* „küssen“, die in dieser Bedeutung im Sg. fehlen.
Die Bedeutungsentwicklung hätte eine Analogie an sg. *śmatzʒ*
„schmettern“ zu nhd. mundartl. *Schmatz* „Kuss“.

hárȓrich „häutig“, „von häutiger Beschaffenheit“ von sg. *hutt*
mhd. ahd. *hût* „Haut“.

súrȓn „schwatzen“, davon *súrȓrich*, *súrȓdębbʒ* „Schwätzer“, entspricht der Bildung nach genau dem mhd. *swadern*, *swatern*,
das uns im Nhd. noch in der romanisirenden Ableitung
schwadroniren geläufig ist. Dazu gehört das sg. subst. *śvatt*
„Rede“, „Gerede“, wozu mhd. *swatz*, *swętzen*, nhd. *schwatzen*·
zu vergleichen sind. Auch im Sg. ist eine Neubildung
śvätzʒ vorhanden. Diese letztgenannten Formen haben ein
dentales Suffix. Schwierig ist es nun, zu sagen, wie die
beiden Stämme *súp-* und *svap-* sich zu einander verhalten.
In dem Stamm *svap-* scheint eine Metathesis des *v* stattgefunden zu haben, so dass es zurückginge auf *savp-*, *saup-*
(s. sg. *qôʒdȓn* pg. 89). Diese Wurzel *saup-* liegt uns im
Gotischen wirklich vor in dem fem. *sáupa*, mit dem Wulfila
das griech. λόγος übersetzt. (1. Cor. XV, 2: *in ƕô saupô* =
τίνι λόγῳ; cf. Schade ² 11, 747). In *saup-* liegt nun die
Gunastufe zu *súp-* vor, ersterm entspricht got. *sáupa*, letz-
term sg. *súrȓn*.

dúv „Taube“ und „Daube“, also = ahd. *tûba*, got. *dûbó*, wie
auch = an. *púfa*, [mhd. *dûge*].

drúvļ „Stachelbeere“, nicht „Weintraube“, mit demselben Suffix,
das in dem pg. 56 besprochenen *brâômļ* vorliegt, abgeleitet
von ahd. *trûba*, mhd. *trûbe*.

śúv „Regenschauer“, „dunkle vereinzelte Regenwolke“ entspricht der Bildung nach ahd. *scúwo*, (Gen. Dat. Sing. *scúwen*
bei Tat. 21, 12; 4, 18), „Schatten“, agls. *scúwa*, *scúa* (Schade ²
11, 815 f.), got. *skuggva*. Andre Ableitung zeigt mhd. *schûr*,
schúwer, ahd. *scûr* „Unwetter“, „Hagel“. Anders Heinz. pg. 69.

búʒr „Bauer“ mhd. *gebúr*, ahd. *gibúro*.

śúʒrn „vor dem Regen Obdach suchen“ (Heinz. pg. 33), urk.
schúren „schützen“ (sg. Uk. 322), zu mhd. *schûr*, ahd. *scûr* „Obdach“ (cf. Schade ² 11, 814). Umlaut hat sg. *śiʒr* „Scheune“
mhd. *schiure*, ahd. *sciura* aus *scúrja*. cf. Vilm. 373, 348.

dúʒrn „dauern“, *bʒdúʒrn* „beklagen“ zu mhd. *túren*. Das nhd.
Wort hat nd. Anlaut.

düər eigtl. „Dauer". „Zeitdauer", daher *ṇ düər* „eine Zeit lang", von mhd. *dûren* ist lat. Lehnwort (lat. *durare*) ebenso wie *müər* „Mauer" ahd. *mûra*, lat. *murus*.

Stand *s* ursprünglich schon im Auslaut, so tritt auch hier unter Verdopplung des *s* Verkürzung des *û* ein. Beispiele s. unten.

Vor allen andern Consonanten wird ebenso wie das *i* auch das *û* verkürzt. Auch das so entstandene *u* vermag wie *i* der Senkung zu widerstehn, der das ursprüngliche *u* zum Opfer fiel.

Beispiele:

brutt mhd. ahd. *brût*, got. *brûþs*.

ruddə „Raute", dann auch „Fensterscheibe", mhd. *rûte*, ndl. *ruit*.

šnuddə „Schnauze", „Ausguss an einem Gefäss" entspricht ndl. *snûte*, ndl. *snuit*. Dazu gehört mhd. *snûzen*, nhd. dial. *schnaussen* „saugen", „naschen", während nhd. *Schnauze* eine unorganische Bildung ist. cf. Kluge [1] 311. Vilm. 365.

quddə „Loch", „Vertiefung", hess. *kaute*, westerw. *kaut* (Heinz. pg. 34), sehr häufig in Orts- und Grubennamen, stellt sich vielleicht zu md. *cûle* „Grube", „Gruft". Ist dieses aus *kûdla* entstanden, so ist es nicht unmöglich, beide Wörter gemeinsam auf gr. κεύθω zurückzuführen.

fust „Faust" mhd. ahd. *fûst*, ndl. *fuist*.

lustṛṇ „lauschen", westerw. *laustern*, bair. *laustern*, entspricht mhd. *lûstren*, ahd. *lûstrên*.

muss „Maus" mhd. ahd. *mûs*.

gruss „kraus" mhd. *krûs*. Die alte Vocallänge ist erhalten in dem davon abgeleiteten umgelauteten *grisḷn* „kräuseln". Das sg. Wort hat auch noch die alte Bedeutung „zornig" wie mengl. *crus*, ndl. *groes*.

bušə, masc., nicht fem., wie Heinz. pg. 33 behauptet, „Bund Stroh", hess. *bausch* (Vilm. 29) entspricht mhd. *bûsch*, ahd. *pûsk* „Wulst". Davon *sech bušə* „sich bauschen". cf. Heinz. Wb. 39.

rubbə „Raupe" ahd. *rûpa*, *rûppa*.

suffə „saufen" mhd. *sûfen*, ahd. *sûfan*.

gruffǝ „kriechen“ entspricht genau md. *crûfen* (Schade², I. 517),
vgl. agls. *crcópan,* ndl. *kriupen,* an. *kriupa.*

suʒʒǝ „saugen“ mhd. *sûgen,* ahd. *sûgan,* iterat. *suqqln.*

šduχǝ eigtl. „Muff“, „Pulswärmer“, dann auch „kleiner unansehnlicher Mensch“, mhd. *stûche,* ahd. *stûcha* „Muff“, „weit
herabhängender Aermel“. an.˙ *stúka.* Kluge ⁴ 339.

luχǝ (plurale tantum) „Lauch“ ist unklar in seinen Beziehungen
zu mhd. *louch,* ahd. *louh.* Dem Vocal nach entspricht den ahd.
Formen genau sg. *lauf* in *béslauf* „Schnittlauch“, doch ist
hier Labialismus des Conson. eingetreten; vgl. fdf. *gôuf*
„Schelm“, „Narr“ zu mhd. *gouch.* Heinz. pg. 104; Wb. 19.

brumm „Pflaume“ mhd. *pflûme.* Sehr viele md. Dialektformen
sowohl als auch ndl. *pruim* sowie spät ahd. *pfrûma* haben
den Anlaut des lat. Mutterworts erhalten. Dagegen hat
auch agls. *plûme* schon *l.* Kluge⁴ 261. Heinz. 60; Wb. 38.

rummǝ „räumen“, nicht nur transitiv, sondern auch intrans..
z. B. *y árvǝt rumt mr* „eine Arbeit geht mir von statten“.
Der Bildung nach entspricht mhd. *rûmen,* ahd. *rûman.*

mull „Maul“, auch für „Mund“ eingetreten, mhd. *mûl,* ahd.
mûla f. Davon *sech muln* „ein grosses Maul haben“. Sg.
ist wohl davon geschieden *moll* „Maulwurf“, das in der
Schriftsprache von *Maul* abgeleitet erscheint. Das Sg. bewahrte den alten Vocal von ahd. *moltwërf.* Dem sg. *moll*
stehn am nächsten mengl. *mole,* ndl. westf. fries. *mol,* cf.
Kluge⁴ 226. (Ueber das *o* in *moll* s. pg. 51.)

brun „braun“ mhd. ahd. *brûn.*

zun „Zaun“ mhd. *zûn,* agls. *tûn,* sg. gleichlautend mit *zun*
„Zunge“.

Auch ursprünglich im Inlaut vor Vocalen und im Auslaut
stehend entwickelte sich *û* genau ebenso wie *î.* Auch hier
haben wir im Inlaut vor Vocalen Spirantenentwicklung, man
vergleiche z. B. die Formen ahd. *bûan, trûčn,* mhd. *bûwen, trûwen,* dazu die nd. Bildungen ndl. *vertrouwen,* agls. *bûgjan* und
westf. *bugge.* Die entwickelte Spirans war nicht, wie Heinz.
pg. 35 angibt, eine palatale, sondern, dem velaren Charakter des
u entsprechend, eine velare, die im Uebrigen der palatalen
Spirans *j* durchaus parallel ist.

Auch beim *û* wird durch Abzweigung dieser Spirans aus

dem langen Vocal der letztere so sehr geschwächt, dass er von *u* zu *ọ* gesenkt wird, so dass wir für *û* ein *ou̯* erhalten, genau entsprechend dem *ëi̯* für *î*. Auch hier verbreitet sich diese Entwicklung auf das ursprünglich auslautende *û* weiter.

So steht auch bei der Behandlung des *û* das Sg., sowohl was die Lautform selbst, als auch was ihre Verbreitung angeht, wieder zwischen dem hess. Südfrk. und dem westf. Nd.

Beispiele:

bou̯ „Bau", vb. *bou̯ə*, mhd. *bû*, vb. *bûwen*, ahd. *bûan*.

sou̯ „Sau" mhd. ahd. agls. *sû*. Während wohl agls. *sugu* eine suffixale Ableitung des Wortes ist, scheint in ndl. *zog, zeug* und schwäb. *suge* nur Spirantenentwicklung vorzuliegen (Kluge⁴ 291); vgl. die umgelauteten meckl. *säg*, westf. *sügge*. Sg. dimin. *sệi̯chə*. Heinz. pg. 36.

drou̯ə „trauen" mhd. *trûwen*, ahd. *trûên*.

In *rou̯* „rauh" fasste man die in mhd. *rûch*, ahd. *rûh* im Auslaut stehende Spirans nicht mehr als ursprünglich, wahrscheinlich unter dem Einfluss der flectirten Formen, und konnte nun das Wort so behandeln, als stände das *û* ursprünglich im Auslaut.

Eine scheinbare Ausnahme ist *dû* „du", es geht hier aber das *û* auf urspr. *u* zurück. Im äussersten Südosten des Siegerlandes hat man die falsche Diphthongirung *dou̯, dau* eingeführt.

Eigentümlich ist das Zahlwort 1000 im Sg. behandelt. Dem got. *þûsundi*, ahd. *tûsunt*, as. *thûsind*, agls. *þûsend*, mhd. *tûsend*, ndl. *duizend* entspricht im Sg. nicht, wie man erwarten sollte, ein *dûsnt, sondern ein sehr auffälliges *dou̯snt*. Eine ähnlich auffallende diphthongische Form bezeugt Behaghel (P. G. I, 3, 565) für alem. Dialekte, die sonst nur Spuren der Diphtongirung zeigen. Dagegen darf im .Mhd. bair. *tousent* (Weinhold, mhd. Gr.¹ § 320) nicht auffallen. Wie nun die sg. und alem. Formen zu erklären seien, ist sehr schwer zu sagen. Ahd. und got. hat das Zahlwort offenbar gut germ. Lautcharakter, so dass an Entlehnung nicht gedacht werden kann. Auf idg. Ursprung des Wortes deuten auch wohl slav. Formen wie aslov. *tysąšta*, lith. *túkstantis*, die ihrerseits kaum germ. Lehnwörter sind. Wir werden das gemhd. Zahlwort daher

als urgerm. resp. idg. Wurzel aufzufassen haben. Anders ist es
wohl mit den erwähnten dialektischen Formen. Hier waren
natürlich die echt germ. Lautformen auch vorhanden, es fand
jedoch nun Anlehnung an lat. *decies centum* statt, für das Notker
(Ps. 89, 4 bei Hatt. II, 325) vulgäre Aussprache *déscent* bezeugt.
(Schade[2] II, 935.) So fühlte man das altgerm. Wort *důsent*
als Zusammensetzung von lat. *centum*, und konnte nun das *du-
so* entwickeln als wäre es ein ursprünglich selbständiges Wort.
Auf diese Weise lässt sich auch die Doppelgeschlechtigkeit
des Wortes — es wird fem. und neutr. gebraucht (Schade[2] II,
934) — am besten erklären. (vgl. *děivl* unter *eu*).

Wie wir als Umlaut des *ā*, wo es sich ungeschwächt erhielt, ein *i* vorfanden, so haben wir als Umlaut des *ú* für
das zu erwartende *ü* ein *i*.
Es liegt vor in:
hisṛ, plur. zu *huss*, wo Verkürzung eintrat.
lis. plur. zu *luss*.
birḷ „Beutel" mhd. *biutel*, ahd. *būtil* (verkehrt Heinz. pg. 42).
lirə „läuten", *j*-Ableitung zu *lutt*, mhd. *liuten*, ahd. *hlūtjan*. Das
  zugehörige intrans. Verbum ist *lůrə* „lauten", „tönen", mhd.
  lůten, ahd. *hlūtēn*.
bririjam mhd. *briutegome*, ahd. *brūtigomo*, agls. *brýdguma* zu
  brutt ahd. *brůt*, got. *brūps*. Im fd. Dialekt, wo *ü* Umlautvocal ist, steht das synkopirte *brům*.
dirrrich „Tauber", mit doppeltem masc. Suff. abgeleitet von
  důr, vgl. mhd. *tiuber*.
hirchə, dimin. zu *hův* „Haube" ahd. *hūba*.
miərṛ „Maurer" zu *můər*, mit Umlaut, abweichend vom Nhd.
siərlich „säuerlich" zu *sůər* „sauer".

Ganz entsprechend ist der Umlaut des zu *u* verkürzten *ů*
im Sg. ein *i*.
Beispiele:
kittchə, dimin. zu *quddə* (pg. 75), dann auch euphemistischer Ausdruck für „Gefängnis".
liddlich „zerbrechlich" wohl zu einem Stamm *lůd*- gehörig, der
  vorliegt in nhd. *liederlich*, *Lotter*-, ahd. *lotar*, agls. *lýpre* cf.
  Kluge[4] 212.

šdristchə „Sträusschen" mit unorgan. *t* wie auch *šdrust*. cf. mhd.
  gestriuze, striuzach.

millchə „Mäulchen", „Mündchen", dimin. zu *mull*.

šifflchə „Schäufelchen", dimin. zu *šuffl* mhd. *schûvel*, ahd. *scûvala*.

šnifflṇ, iterat. zu *šnuffə* „schnaufen", „schnupfen", nhd. *schnüffeln*.

šnickr „Leckermaul", hess. *schnucker* (Vilm. 361), westerw.
  schnaucker (Heinz. 35), von *šnuqqə* „schlecken". Dazu auch
  šnuqqəz (s. d. Suffixe).

bichə, plur. von *buχ* „Bauch".

frsimmə „versäumen" mhd. *versûmen*, ahd. *firsûmen*.

šimmə „schäumen", „Schaum bilden" zu *šumm* mhd. *schûm*, ahd.
  scûm.

brinlich „bräunlich" zu *bruṇ*.

Ergab sich als Umlaut des *û* ein *î*, so ist der Umlautvocal
des vor Vocal aus *ô* entstandenen *ou* der Vertreter des ursprünglich vor Vocal stehenden *î*, d. i. jener in der Bildung
begriffene Halbdiphthong *ëi*. Wir haben also:
gəbëi „Gebäude", *bëichə* „Anbau" zu *bou*;
sëichə, dimin. zu *sou*; *sëiich* „schweinisch". Heinz. pg. 36.

Im äussersten Südosten des sg. Sprachgebiets tritt auch
beim *û* der Halbdiphthong *ou*, Umlaut *ëi*, ein, wo sonst sg. *û*
sich als Länge erhielt: *lousich, dourn, drourl, sourrn*, ferner
hëisr, mëirr, bëirl, hëirchə etc.

In den nördlichen und westlichen Gebieten des Siegerlands,
wo die Neigung für dumpfe Vocale herrscht, erhalten wir als
Umlaut von *û* natürlich ein *ü*, von *u* ein *ü*, von *ou* ein *öi*, demnach frdbg. fdf.: *hüsr, bürl; müllchə, šdrüstchə; jəböi, söiich*.

Auf dem ganzen westgerm. Sprachgebiet wurde altgerm. *ai* schon vom 7. Jahrhundert ab vor den Lauten *r, h, w* monophongirt. Zuweilen finden wir diese Contraction auch im Wortauslaut und vor *n*, hier jedoch keineswegs als Regel. (Braune, ahd. Gr.² § 43. Weinhold, mhd. Gr.¹ §§ 63, 65; kl. mhd. Gr.² §§ 10, 35. Behaghel P. G. ι, 3, pg. 567). Der so entstehende Laut war ursprünglich ein sehr offener, wie z. B. in Helianhandschriften ihn vertretendes *a* bezeugt; er näherte sich aber immer mehr geschlossener Aussprache und ist in der nhd. Bühnensprache völlig zu geschlossem langem *e* geworden.

Der als ursprünglicher Contractionsvocal anzusetzende lange *ä*-Laut, der, wie wir sahen, dem *â* nahe stand, verengte sich auch im Sg. nur ganz allmählich zu geschlossenem *ê*. Es ist dies eine Entwicklung, welche der Wandlung des alten *ô* zu *û* durchaus analog ist. Wir werden daher auch hier annehmen müssen, dass der allmähliche Uebergang zum geschlossenen Laut sich vollzog unter Bildung ähnlicher Nachschlagvocale, wie wir sie in dem *o, a* von nhd. *uo, ua* erkennen zu müssen glaubten. Diese Auffassung der Entwicklung des contrahirten *ai* findet denn auch in den Lautverhältnissen der sg. Mundart ihre volle Bestätigung. Im Sg. hat nämlich noch nicht überall der Contractionsvocal sich zum vollen *ê* entwickelt: in einzelnen Wörtern finden wir schon in der Stadt, weit häufiger noch auf dem Lande und besonders in Eisern und den östlichen Gegenden als Monophthongirung von *ai* ein *êə*. In diesem unechten Diphthong aber haben wir eben eine jener Uebergangsformen, welche zwischen dem alten offenen und dem neuen geschlossenen Contractionsvocal lagen, erhalten. Während das *ê*, wo es erscheint, ganz dem sg. Vertreter von germ. *ê* und *eo* entspricht, ist das *êə*, dessen erster, den Accent tragende Laut ebenfalls geschlossenes *é* ist, völlig zusammengefallen mit jenem *êə*, welches wir als Vertreter des Umlauts von früh gedehntem *a* vorfanden. Der Unterschied beider Laute ist nur der, dass das aus *ai* hervorgegangene *êə* auf dem Wege der Verengung begriffen ist, während das aus *a* entstandene Umlaut-*êə* sich dem *a* nähert. Da diese Lautbewegungen zwar in entgegengesetzter Richtung doch auf derselben Bahn verlaufen, so ist der völlige phonetische Zusammenfall beider Laute sehr wohl erklärlich. cf. Heinz. 36.

Wir haben nun überall, auch in der Stadt, das *êə* iu folgenden Wörteru:

šlêə „Schlehe" ahd. *slêha*.

zvêə, masc. der Zweizahl, ahd. *zwêne*, got. *trái*.

vêənich „wenig" ahd. *wênag, weinag*.

sêəl „Seele" ahd. *sêla*, got. *sáiwala*.

êəvich „ewig" ahd. *êwig* von got. *áiws* „Zeit".

zêər „Zehe" mit anderm Spiranten als ahd. *zêha* und nhd. *Zehe*.

êəršt „vorhin" ist adverbial geworden; *dr êəršt* „zuerst" zeigt vielleicht einen ähnlichen Gebrauch wie lat. *primus* in *primus hoc feci* u. ä. Es entspricht ahd. *êrist*, das zu got. *áir* gehört. Dieses letzte Wort liegt vor in sg. *vannêə(r)?*, sg. st. *vênnê?* „wann?", das dem agls. *hwanne ær*, mekl. *wennîr* genau entspricht. Die Volkssprache hat die Bestandteile dieses Compositums aber nicht mehr erkannt, es ist deshalb eine Entstellung des Wortes in *vimêə* (Eisern) möglich, als ob dasselbe aus *vi* „wie" und *mêə* „mehr" bestünde; vgl. noch urk. *wannee* (268). Der Comparativ von got. *áir* lautet sg. *êjr* „eher", verstärkt *êjədr*. Das hier im ganzen Siegerland feste *ê* zeigt uns gegenüber dem *êə* von *êəršt* und der Doppelform von *vênnê, vannêə*, dass das Vorkommen von *ê* und *êə* nicht an Regeln gebunden ist, sondern *ai* willkürlich bald durch *ê*, bald durch *êə* vertreten erscheint.

In Eisern und im Osten haben wir noch *êə*, während sonst, besonders in der Stadt, das *ə* schon geschwunden ist, in folgenden Beispielen:

rêə „Reh", sg. st. *rê*, ahd. *rêh*.

rêə „weh", sg. st. *vê*, ahd. *wê*, got. *rái*. Das Adj. ist im Sg. substantivirt und bedeutet „Wunde", das Diminutiv *vêətchə* hat den Dental der flectirten Neutralform bewahrt. (s. pg. 6).

gléə „Klee" abd. *chlêo.*

mêə „mehr" ahd. *mêro,* got. *máiza,* daneben eine Neubildung *mêənṛ.*

hêəṛ „fein", „zart", auch „schmächtig". abd. *hêr.* Davon *hêərbrôət, hêəbrôət* „Weissbrot" im Gegensatz zu *grôəfbrôət* „Roggenbrot". vgl. Heinz. pg. 36. Corrbl. des Vereins für nd. Sprf. 1888. pg. 41.

Endlich ist die Entwicklung auch in Eisern bis zum *ê* vorgeschritten in

snê „Schnee" ahd. *snêo,* got. *snáirs.*

sê „See" ahd. *sêo,* got. *sáivs.*

Wie im Mhd. wird auch im Sg. *ê* zuweilen gekürzt. (Weinhold, mhd. Gr. [1] § 64). Der kurze Vocal hat jedoch nicht die Constanz, welche dem *ê* eigen war, wir haben daher nicht nur Kürzung zu *ę* sondern auch Uebertritt desselben zum *ë*. So in *ëərz* „Erz" abd. *êrizzi,* das wohl auf got. *áis* zurückgeht.

lëərchə „Lerche" mhd. *lêrche,* ahd. *lêrahha.* Daneben kommt vor *lëṛṛkə,* das wohl md. Gemeinform ist. (Kluge [4] 210). vgl. *leeuwerik,* agls. *lawerce, lâwerce.*

Vor allen andern Consonanten als den oben angeführten blieb germ. *ai* im Hd. im Wesentlichen unversehrt erhalten. Die Aussprache des Diphthongen hat sich, wie die Schreibung der Denkmäler beweist, seit Ende des 8. Jahrhunderts allerdings verengt. (Weinhold, mhd. Gr. [1] § 92; kl. mhd. Gr. [2] § 44. Behaghel P. G. i, 3, pg. 567). Vom 13. Jahrhundert aber wird, nach der schriftsprachlichen Darstellung zu schliessen, die Aussprache des Diphthongen wieder offener.

Das Nd. monophthongirt *ai* auch hier überall, doch haben in neuerer Zeit viele Mundarten, z. B. das Westfälische, wieder Diphthongirung neuerdings eintreten lassen. Besser als das Nd. selbst hat hier wieder das Rip. *ê* bewahrt und weist es noch heute auf. Eine andre Monophthongirung hat oft das Hessische: das *i* geht völlig in dem *a* auf, so dass sich ein *â* für *ai* ergibt.

Das Sg. geht hier nicht, wie man erwarten sollte, mit dem Rip., dessen *ê* sich nur im westlichen Siegerland (Freudenberg) findet, sondern hat fast überall mit den meisten andern hd.

Mundarten den Diphthong bewahrt. Einige Abweichungen werden unten besonders behandelt werden..

Beispiele:

lait „leid" ahd. *leid.*

gərait „zur hand", „fertig" (Heinz. 37), hess. *gercite* (Vilm. 230), mhd. *gereite, gereit,* got. *garáips.*

raiz „Weizen", schweiz. hess. thür. schwäb. *weissen,* mhd. *weize,* ahd. *weizi;* vgl. schriftsprachl. *Weissbrot. Weissbier.* Dem nhd. *Weizen* entspricht mhd. *weitze,* ahd. *weizzi,* got. *háiteis.* Kluge⁴ 38.

gaisl „Peitsche" ahd. *geisala.* Kluge⁴ 108.

laif „Laib" (Brot) ahd. *leip,* got. *hláifs.*

zaichə „Zeichen" ahd. *zeihhan,* got. *táikns.* as. *têkan.*

aichə „Eiche" ahd. *eih.*

faimln „schmeicheln", auch westf. bekannt (Heinz. 37) und schon von Schütz (I, 26) zu ahd. *feim* und nhd. *abgefeimt* gestellt. Schade² I, 175.

hail „heil" ahd. *heil,* got. *háils.*

Aus *agi* ist *ai* hervorgegangen in *aistrlich,* einer verstärkten Bildung zu mhd. *eislih,* ahd. *egislih,* die wie nhd. *schrecklich, furchtbar* zur Bezeichnung eines hohen Grades dient. Zu grunde liegt ahd. *aki,* got. *agis* „Schrecken". Dazu gehört wohl auch das begrifflich nicht fern liegende sg. *aišəll,* das die grösste Kuhglocke einer Herde bezeichnet.

In Freudenberg haben wir, wie bereits oben erwähnt, in allen diesen Fällen das volle rip. *ê: brêt, lêt, mêst, gərêt* u. s. f.

Eine besondre Behandlung erfordert *ai* vor dem dentalen Nasal, der ja in einigen Fällen (*zvéə, réənich* s. o.) schon früh vorausgehendes *ai* monophthongirt hatte. Im Sg. bewirkt nämlich das *n* auch später eine besondre Behandlung das *ai* nach den verschiedensten Richtungen. Zum Teil ergeben sich dabei Unterscheidungen für die einzelnen Unterdialekte. Zunächst bewirkt auslautendes *n* nach *ai* eine sehr mannigfache Entwicklung. Während die frdbg. Mundart auch hier in rip. Weise schon früh *ê* entwickelt und dasselbe zuweilen sogar weiter zu *i* verengt hat, tritt auf andern Gebieten erst neuerdings die Neigung zur Monophthongirung auf. Diese führt im östlichen Gebiet zu *aê*, das auch der Ferndorfer Dialekt hat, während wir in Siegen Stadt sowie in Eisern vielleicht als Vorstufe dieses *aê* ein *ái* haben, das an das nass-hess. *â* erinnert. Durch verschiedene Behandlung des auslautenden *n* erhalten wir demnach folgende Typen: frdbg. *glê* (Schelden *gli*), sg. st. *gláin* (Eisern *glâi*), fdf. *gláen*, ostsg. *glâê* „klein".

Hierher gehören noch

llái „allein", sg. st. *alláin*, mhd. *alein(e)*.

râi „rein" ahd. *reini*, got. *hráins* sg. gleichlautend mit

râi „Rain" mhd. ahd. *rein*, nd. *reen*. cf. Heinz. pg. 37.

Tritt *n* durch die Flexion in den Inlaut, so erhalten wir frdbg. *glênr* (*glinr*), sg. st. *gláinr* (Eisern *glâir*), fdf. *glainr*, ostsg. *glâênr*.

Stärker noch war, wie es scheint, die Neigung zur Monophthongirung von *ai* vor inlautendem *n*, das ja viel beständiger war als das auslautende. Wir finden hier wenigstens das *aê* auch im Dialekt von Eisern:

maên (sg. st. *mâin*) „meinen" ahd. *meinan*.

haê „Hain", der Spezialausdruck für den sg. Hauberg, mhd. *hain*, aus *hagen* hervorgegangen. Das Wort erscheint auch im Ortsnamen *Haênchə*, das als Sitz eines alten Adelsgeschlechts häufig in den Urkunden erscheint: *Hagen* (65, 77), *Hane* (130, 131), *Huen, Heyn* etc.

Jedenfalls durch falsche Analogie nach *n* bewirkte auch *m* in Eisern meistens Monophthongirung des *ai* zu *aê*:

laêmə „Lehm" (sg. st. *lâimə*) entspricht genau mhd. ahd. *leim*; westf. *laimen* (Heinz. 37).

haêm „Heim", „Heimat", *naô haêm* „heim", „nach Hause", mhd. ahd. *heim*, got. *háims* „Dorf".

aêmich, gebraucht von einer Wunde, die sich entzünden will, enthält wohl denselben Stamm wie ahd. *eitar* und mhd. ahd. *eiz* „Eiter" (Kluge [4] 68; Schade [2] I, 130), und der ist wohl auch vorliegend in mhd. ahd. *eit* „ignis", kelt. *aedh*, lat. *aestas*, *aestus*, gr. *αἴϑω* (Schade [2] I, 130). Am nächsten steht dem sg. Worte an. *eimr*, *eimi* „Rauch", ahd. *eimurja*, mhd. *eimer* „glühende Asche", nhd. dial. *Ammer*. Schade [2] I, 127.

Interessant ist die Behandlung des Zahlworts *ein*. Wäh-

rend das Sg. St. *âiu* für alle drei Geschlechter aus der Schriftsprache sich angeeignet hat, haben die ländlichen Mundarten die
alten geschlechtigen Formen streng lautlich behandelt. So
ergibt sich in Eisern als stark flectirte Form masc. *âeɔr*, (con-
trah. aus *âenr*), fem. *âe*, neutr. *âi*. Als absolutes Zahlwort
wurde nicht, wie in der Schriftsprache, das Neutrum in Gebrauch genommen, sondern wie auch bei *zvô*, *zvôɔ* das Femi-
ninium. Ueber den unbestimmten Artikel und seine enclit. Form
s. u. Die Zusammensetzungen mit dem Zahlwort *ein* als erstem
Bestandteil weisen meist volles *ai* auf: *aifalt* „einfältiger
Mensch“, abstr. pro concr., *aifällich* „einfältig“ zu ahd. *ein-
falt* und *einfaltig*; *aidô* „einerlei“, eigentl. „ein Tun“, eine
ähnliche Bildung hat das Alem. (Heinz. pg. 56), davon *ai-
dônrrich* „gleichgültig“; *aimr* „einfarbig“, „gleichartigen Aus-
sehens“ (bes. von einfarbig grauen Regenwolken), dann auch
„gleichartig“ überhaupt, mhd. *einvar.* Schade ² 1, 128. Nur in
âemr „Eimer“ haben wir in Eisern gegenüber sg. st. *âimr*,
ahd. *einbar*, Monophthongirung (s. o.).

gɔmâe bedeutet „gemein“, „leutselig“ ahd. *gimeini*, als
Subst. „Gemeinde“, *gɔmâi* bedeutet „gemein“, „niedrig“ und ist
wohl hd. Lehnwort.

Besonders stark war der Trieb zur Monophthongirung in
der Partikel *nein*, wo der Diphthong nirgends erhalten ist.
Während das Frdbg. das rip. *nê* aufweist, das es jedoch nicht
selten zu *nôe* verdumpft, zeigen die Dialekte von Stadt Siegen
und Ferndorf *nâe*. Im Osten, auch in Eisern, gilt das hess.-
nass. *nâ*, in Eiserfeld ein zwischen *nâe* und *nâ* stehendes *nȧ̂*.
Obwohl also im Sg. nirgends ein Diphthong erscheint, liegt
doch nicht das agls. *nâ*, got. *nê*, sondern ahd. *nein*, as. *nên*,
die zusammengesetzte Form, zu grunde. Die sg. gewöhnlich
gebrauchte Form der Negation *ɳnâe*, *ɳnâ* ist nicht, wie Heinz.
pg. 50 unter Berufung auf das von Kehrein (208) citirte *ina* an-
nimmt, ein Praefix zum Besinnen und Ueberlegen, sondern lediglich die proklitische mhd. Form der Negation *en*. (Weinhold, mhd. Gr. ¹ §§ 197, 476). Eine Parallele zu dieser Anwendung des *en* haben wir in dem mhd. *enwiht* für *niwiht*,
welches Wort heute im Sg. zu *ènvich* verstümmelt ist. Wie
die Form verkümmerte auch die Bedeutung. Ursprünglich nur,
auch heute noch vorzugsweise in negativen Sätzen gebraucht

wo es etwa „durchaus nicht" bedeutete. kommt es heute auch
in affirmativen Sätzen vor und hat den Sinn „so wie so",
negativ „überhaupt nicht", „doch nicht". Diese Function
zeigt zwar immer noch etwas von der urspr. verstärkenden
Bedeutung des Wortes, doch ist der Begriff der Negation
vollständig abhanden gekommen. Das geschah auch bei dem
ŋ von ŋnâ. Man konnte daher dieses scheinbare Praefix ŋ,
dessen Bedeutung man nicht mehr kannte, auch vor die
Affirmationspartikel jaô setzen, und hierbei mag wohl das von
Heinz. hervorgehobene psychologische Motiv des Besinnens und
Ueberlegens mitgewirkt haben. So sagt man auch ŋjaô, dagegen immer nur bɔjaôzɔ „bejahen".

Vor s (z) haben wir in Eisern oft neue Monophthongirung des
ai zu âe oder ä̂.
Beispiele für âe sind:
gláes „Geleise" mhd. gelcise, ahd. leisa.
máeschɔ „Meise" zu abd. meisa. Hz. Wb. 31.
ä̂ haben wir in
ä̂s, daneben (sg. st.) ais, „einig", ursprüngl. neutr. des Zahlworts
ein, genau so gebraucht wie nhd. eins.
snä̂s „durch den Wald gehauener Weg", vgl. hess. schneise
(Vilm. 361), das auch in der Eifel vorkommt. Die Bedeutung passt zu mhd. sneite, ahd. sneita, während mhd. sneise
„Schnur" bedeutet. Schade[2] II, 837; Kluge[4] 312.
gä̂z „Geiss" mhd. ahd. geiz, got. gáits.

Wie in ahd. Zeit ursprüngliches r und w Monophthongirung
von vorhergehendem ai bewirkten, so haben im Sg. auch das
aus ð neuerdings gebildete r und das aus b hervorgegangene
neue v vorausgehendes ai zu monophthongiren begonnen. Der
entstehende Monophthong ist ä̂, und er kann uns beweisen,
dass auch das jetzt als alte Monophthongirung von ai erschei-
nende ê ursprünglich diesen offenen dem â nahestehenden Lautwert hatte, wie wir es oben schon annahmen. Auch hier
finden wir das ä̂ nur in Eisern und Umgegend, sonst ist ai
resp. ái noch erhalten.
ä̂rŋ „Schwiegersohn" ahd. eidum, agls. áðum gehört offenbar
zum selben Stamme wie ahd. eidi, got. áipei „Mutter".

vå̄ „Weide" ahd. *weida.*

šbrǟ „Tuch zum Ausspreiten" zu *šbrǟrə* ahd. *spreitan.* Lautlich entspricht mhd. *spreite* „Buschwerk". Schade² II, 856.

hǟ „Heidekraut" wie ahd. *heida* aus got. *háiþei.*

lǟrə „leiten" ahd. *leiten.*

blǟvə „übrig lassen" (vom Essen und Trinken) entspricht got.
trans. *biláibjan.* agls. *læfan.* Es enthält die Gunastufe zum
intrans. *blīvə,* got. *bileiban.*

sǟvr̥ „Geifer", *sǟvr̥n* „geifern" von kleinen Kindern. tirol. *sǟfer,*
nnd. *sewer* zu ahd. *seivar.* cf. Schade² II. 750. Heinz. 63. Vilm.
335, 380.

Im Dialekt der Stadt ist uns vielleicht eine letzte Spur
der im Ahd. eingetretenen Verengung des *ai* zu *ei* erhalten,
und zwar geschieht das im Inlaut vor Vocal und im Auslaut.
Dass gerade hier das verengte *ai* grössere Constanz zeigte, ist
in den Verhältnissen der Schriftsprache begründet. Wie hier
das diphthongirte *i* mit dem ursp. *ai* zusammengefallen ist, so
hat man im Dialekt der Stadt das vor Vocal und im Auslaut
ziemlich seltene germ. *ai* an jenen weit häufigern Halbdiphthong
ëï angeglichen, der das *i* in dieser Stellung vertritt. So konnte
sich, gestützt auf jenes für *i* stehende *ëï*, die Verengung des
germ. *ai* hier halten. Wundern darf es uns nun auch nicht,
wenn wir diesen Verengungslaut *ëï* für *ai* auch vor urspr. *g*
antreffen, das ja im Sg. zu *j* erweicht wurde.

Die Mundart von Eisern hat auch im Inlaut vor Vocal
und im Auslaut das volle hd. *ai* resp. *âi.*

Wir haben also:

eis. *âi,* sg. st. *ëï,* „Ei" ahd. *ei,* Plur. eis. *aïr̥,* sg. st. *ëïr̥.*

eis. *Mai,* sg. st. *Mëï,* der Monatsname, ahd. *meio.*

lai, sg. st. *lëï,* als einfaches Wort nur noch in Bergnamen üblich, mhd. *lei,* as. *leia.* Davon eis. *laïədäckr̥* „Schieferdecker".
Schmidt 102.

eis. *fâi,* sg. st. *fëï,* „dem Tode nahe" wie ahd. *feigi.* Heinz. 38.
Schade² I, 174.

râïr̥ „Reiher", sg. st. *rëïr̥,* mhd. *reiger.*

eis. *zâïə,* sg. st. *zëïə,* „zeigen" ahd. *zeigōn.*

eis. *aïn̥tlich,* sg. st. *ëïn̥tlich,* „eigentlich" mhd. *eigenlich.*

Das germ. au.

Die Entwicklung des germ. *au* geht im Allgemeinen der des *ai* parallel, doch zeigen sich im Einzelnen manche Abweichungen.

Das Nd. monophthongirt *au* wie *ai* regelmässig. Contractionsvocal ist zunächst offenes langes *o*, wie die im As. dafür vorkommende Schreibung *a* beweist. (Beh. in P. G. I. 3, pg. 567.)

Im Hd. geht die Monophthongirung des *au* weiter als die des *ai*. Obd. vollzog man dieselbe vor *h* sowie vor dentalen Consonanten vom 8. Jahrhundert an. (Weinh., mhd. Gr.[1] § 75; kl. mhd. Gr.[2] §§ 10, 45.) Noch viel verbreiteter ist die Contraction des *au* im Md., wo sie sich sehr häufig auch vor Labialen und Gutturalen einstellt (Weinhold, mhd. Gr.[1] § 78). Indessen gilt diese weitgehende Monophthongirung nur für die Vulgärsprache.

Die sg. Mundart geht in diesem Punkt nicht so weit wie die ostmd. Dialekte. Im Sg. hat die Monophthongirung des *au* nur die Verbreitung, welche wir im Obd. vorfanden, tritt also nur vor *h* und dentalen Consonanten ein. Auch dann hat sie nur sehr selten Zusammenfallen des Contractionsvocals mit dem germ. *ô* bewirkt: gewöhnlich ergiebt sich als Resultat der Contraction nicht *ó*, sondern entsprechend dem *éə* für *ai* ein *óə*. Dieses *óə* ist aber viel verbreiteter als jenes *éə* und auch in der Mundart der Stadt der gewöhnliche Vertreter des monophthongirten *au*. *ô* findet sich in der Stadt nur vor *h* (*ch*), in Eisern überhaupt nicht. Auch hier sehn wir in dem *ə* eine letzte Spur der ehemals offenem Aussprache des *o*-Lautes. Eben ein solcher nachschlagender Stimmvocal wird ja vor *r* auch in der nhd. Bühnensprache gehört. cf. Heinz. pg. 38.

Beispiele:

flóə, sg. st. *fló*, ndl. *vloo*.

hóəj „hoch", mit Erweichung von *ch* zu *j*, sg. st. *hóχ*, ahd. *hôh*, got. *háuhs*.

fróə, sg. st. *fró*, „froh" ahd. *frô*. Kluge[4] 96.

róə, sg. st. *ró*, „roh" mhd. ahd. *rô*. (flect. *rôwér*).

lóə „Lohe" mhd. *lô* lautet sg. st. *ló*, dagegen haben wir für *lóə* „Lohn" ahd. *lôn*, got. *láun* auch in der Stadt *lóə*.

Ueberall haben wir *ô∂* in
ô∂r „Ohr" ahd. *ôra*, got. *áusô*.
hô∂rd∂ „hörte", Praet. zu *hê∂rn*, ahd. *hôrta*, got. *háusida*.
dô∂t „tot" ahd. *tôt*, got. *dáuþs*.
brô∂t „Brot" ahd. *brôt*, an. *brauð*.
ŝdô∂z∂ „stossen" ahd. *stôzan*, got. *stáutan*.
grô∂z „gross" ahd. *grôz*.
drô∂st „Trost" ahd. *trôst*, got. *tráust* „Vertrag".
gnô∂z „kleiner, unansehnlicher Mensch" (Heinz. 38), in derselben
Bedeutung mit -*iz*-Suffix *gnê∂zr*. Wegen der Bedeutung vergl.
das nhd. burschikose *Knoten*, das auch stammverwandt ist,
aber schwächere Vocalstufe hat. Diese hat auch mhd. *knotze*
„Knorre".
qô∂drn „unverständlich reden", vom Sprechen kleiner Kinder
gebr., ist ein sehr interessantes Wort. Es direkt zu nhd.
*kauder in *kauderwelsch* zu stellen, das bisher nicht erklärt
ist (Kluge⁴ 163), geht nicht an; stände hier urspr. *au*, so
hätte es vor dem Dental monophthongirt werden müssen.
Dieses **kauder* geht wohl auf ein mhd. *kûter* zurück (Heinz.
125), das auf dem Westerwald noch lebt (Schmidt 97). Da
gegen muss das sg. *qô∂drn* germ. *au* enthalten. Wie wir nun in
nhd. *schwatzen* eine Umstellung von *sau*- zu *sra*- annahmen,
so wird in diesem *kaut*- Metathesis von *krat*- vorliegen.
Dieses *krat*- lebt aber noch in nhd. mundartl. *quatschen* und
quasseln, die Intensitivbildungen dieses Stammes sind. Die
Tiefstufe zu *kaut*- haben wir in mhd. *kiuten* „schwatzen"
(Praet. *kûte*). cf. Schade² I, 493. Tiefste Stufe zum Stamm
krat- liegt endlich vielleicht vor in got. *qiþan*, doch erregt
hier der Consonantismus Bedenken. vgl. Schade² II, 691.

Zu dem monophthongirten *au* traten einige lat. Lehnwörter,
die in vulgärer Aussprache *ô* resp. *aô* hatten:
rô∂s „Rose" ahd. *rôsa*, ndl. *roos*. Kluge⁴ 283.
ŝô∂l „Schule" könnte wohl agls. *scôl*, ndl. *school* entsprechen,
nicht aber mhd. *schuole*, ahd. *scuola*. Im Hd. ging lat. *schola*
lautgesetzlich zum germ. *ô*, da ja ein aus *au* monophthongirtes
ô resp. *aô* hier vor *l* nicht vorkam, obwohl dieser offene
Laut dem Vocal des vulgärlat. *schola* besser entsprochen
haben würde. Anders war es im Nd. Hier war germ. *au*
vor allen Lauten, also auch vor *l*, contrahirt worden, hier

hatte daher das lat. Lehnwort die Wahl, ob es in die Zahl der urspr. ô, die geschlossene Aussprache hatten, oder in die Reihen der Contractions-ô, die damals noch offen gesprochen wurden, eintreten wollte. Natürlich wandte es sich zu den letztern, da deren Lautwert dem eigenen am nächsten kam. Das beweist uns jetzt noch das westf. *sχaule* „Schule", welches die nachträgliche Rückdiphthongirung des germ. *au* aufweist. Die nd. Form des lat. Lehnworts machte sich auch das Sg. zu eigen und wandelte das übernommene **saōl* in seiner Weise zu *šôol*.

Sehr früh muss sg. *glòostr* „Kloster", ahd. *klôster* aus mlat. *claustrum* entlehnt sein. (Kluge[4] 176). Die Entlehnung muss vor der westgerm. Monophthongirung des *au* vor Dentalen und *h*, *w* stattgefunden haben.

Dem Umlaut widerstand das aus germ. *au* entwickelte *ô* besonders im Md. ziemlich lange. (Weinhold, mhd. Gr.[1] §§ 82, 81). Spuren desselben zeigen aber doch schon die sg. Urkunden, wenn wir dort *o̊* oder *oe* geschrieben finden (266. 288). Dagegen sind die Schreibungen *oy* und *oi* (81. 261) wohl nur nd. Längenbezeichnungen. (Behaghel, P. G. i, 3. 565). Findet sich doch auch sonst *ô* in unumgelauteter Form viel häufiger als umgelautetes. Wir haben *hòren* in sg. Uk. 123, 153, 167, 188, 235, 242; vgl. ferner auch 248, 261, 263, 130, 132, 137, 140, 147 etc.

Für den gemhd. Umlautvocal *oe* haben wir im Siegerland, abgesehen von Freudenberg und Ferndorf, als Umlaut von *ôə* ein *èə* wie von *ô* ein *è*:

hèə, sg. st. *hè*, nur in der concr. Bedeutung „Anhöhe", für das abstr. „Höhe" mhd. *hoche*, ahd. *hôhi*, got. *háuhei* erhalten wir sg. die Neubildung *hèəjdə* resp. *hèjdə*. (s. die Suffixe).

šdrèə, sg. st. *šdrè*, „Stroh" ahd. *strô*.

Auch in der Stadt haben wir *èə* in

hèərn „hören" mhd. *hoeren*, ahd. *hôrjan*, got. *háusjan*.

rèər „Röhre" mhd. *roere*, ahd. *rôra* mit *j*-Suffix von got. *ráus*.

rèətlich „rötlich" von *ròət* ahd. *rôt*, got. *ráuþs*.

nèərich „nötig" zu *nôət* ahd. *nôt*, got. *náuþs*.

blèə „blöde" ahd. *blôdi*, an. *blauþr*, vgl. got. *bláuþjan*. Kluge[4] 35.

lèəsə „lösen" mhd. *loesen*, ahd. *lôsen*, got. *láusjan*.

glîəʒ „Kloss" ahd. *chlôʒ,* engl. *cleat,* mit auffallendem Umlaut.
Tiefstufe dazu zeigt sg. *gluddə* aus **klûte* „Klumpen". meist
in obscönem Sinn gebraucht, wozu Heinz. (125 f.) das westf.
sächs. *klûte* beibringt. cf. Vilm 209 f.
bèʒnchə „Böhnchen", dimin. zu *bòʒ* ahd. *bòna,* an. *baun.*
šèʒ „schön" mhd. *schoene,* ahd. *scòni*; cf. got. *(ibna)skáuns* „gleich-
gestaltet". Kluge[4] 314.

Eine Verengung des contrahirten *ô* über das urspr. *ô* hinaus
begegnet uns im Dialekt von Freudenberg. Wir erhalten hier
langen *u*-Laut, doch auch mit jenem nachschlagenden *ə*, das
wir auch bei *ô* fanden. Eine Verdumpfung von *ô* zu *au* zeigt
schon in mhd. Zeit der Kölnische Dialekt (Weinhold, mhd. Gr.[1]
§§ 88, 126). Auch die fdf. Mundart hat dieses *ûə.* Sein Umlaut ist *ü̂ə,* das ja in diesen Gegenden sehr wohl möglich ist.
Wir haben also hier: *nûʒt, brûʒt, drûʒst, ûər, bûʒ*; umgelautet: *hü̂ərn, rü̂ʒtlich, nü̂ərich, šü̂ʒ* u. s. f.

Die Entwicklung des im Ahd. nicht zu *ô* contrahirten *au*
geht im Ganzen der des *ai* völlig parallel. Es verengt sich
auch *au* in ahd. Zeit zu *ou,* das etwa vom 9. bis 13. Jahrhundert vorherrscht. Dann gewinnt das *au* wieder an Boden.
Das Nd. monophthongirt auch *au* in allen Stellungen.
Doch ist in neuster Zeit wie beim *ai* so auch beim *au* eine
neue Diphthongirung zu verzeichnen, die freilich auch alte
germ. *ô* mit sich riss, so dass im Westf. z. B. falsche Bildungen
wie *χraut, daut* u. ä. vorkommen. (Weinhold, mhd. Gr.[1] §§ 96,
98; kl. mhd. Gr.[2] § 45. Behaghel P. G. ɪ, 3, 568).
Die sg. Urkunden haben in erdrückender Ueberzahl den
Diphthong, der als *au, aû, ou, oû,* ausserdem (vor Vocal) als
auw, aûw, ouw, aw, ow in der schriftsprachlichen Darstellung
erscheint. Aber auch der Monophthong fehlt nicht; wir haben
vroen 130, 131, 132, 137, 140, 147; *verkoft* 130, 137, 140; *cofis*
130. Auffälliger Weise steht dieses *ô* gerade in Urkunden von
der Ostgrenze des Siegerlands, die ihren durchaus hd. Charakter
dadurch beweisen, dass sie z. B. kaum auch nur Spuren der nd.
diphthongischen Schreibung für langen Vocal zeigen. Hier

kann also nicht die nd.-rip. allgemeine Monophthongirung, hier muss die im östl. Md. vorkommende und hier noch heute geltende neue Contraction von *au* zu *ô* zu grunde liegen, (cf. Weinhold, mhd. Gr. ¹ § 78), die sonst nur der Vulgärsprache zukommt. In manchen Urkunden stehn beide Schreibungen nebeneinander, so in 267 *verkoft, vrowen, koufe, ouch, frauwe*, in 193 *verkoft* und *frowe*.

Heute ist wie das monophthongirte so auch das Diphthong gebliebene *au* in der Entwicklung hinter dem *ai* zurückgeblieben. Während wir beim *ai* den reducirten Diphthong *ëi* nur in der Stellung vor Vocal und im Auslaut durch besondre Umstände festgehalten sahen, ist das aus *au* verengte *ọu* noch ungleich häufiger. Ja im Dialekt der Stadt ist der reducirte Diphthong *ọu* der reguläre Vertreter des germ. *au*. Vor Vocal und im Auslaut wurde das *u* spirantisch, und erfolgt deshalb in dieser Stellung völliger Zusammenfall des *au* mit dem hier dem Diphthong zustrebenden germ. *ô*.

In Eisern und dem ganzen östl. Gebiet des Siegerlands erhalten wir nun für dieses sg. st. *ọu* in Anlehnung an die östl. Nachbardialekte volles *au*. Auf der andern Seite hat der Dialekt von Freudenberg das unversehrte rip. nd *ô*, und zwischen diesem *ô* und dem sg. st. *ọu* vermittelt das fdf *óu*. Heinz. pg. 39.

So bildet die mannigfaltige Entwicklung des germ. *au* im Sg. eine Stufenleiter, welche von dem nd. *ô* hinführt zu dem vollen hd. Diphthong *au*. Bei keinem Laut zeigt sich also der vermittelnde Charakter des sg. Dialekts so schön wie gerade beim *au*.

Demnach erhalten wir von got. *hláupan*, ahd. *loufan* die vier Typen: frdbg. *lôfə*, fdf. *lòufə*, sg. st. *lọufə*, eis. *laufə*.

Weitere Beispiele sind

lauf „Laub" ahd. *loub*, got. *láufs*.

dauf „taub" ahd. *toup*, got. *dáufs*.

glauwə „glauben" ahd. *gilouben*.

šdauf m. ist ein sehr seltenes und interessantes Wort. Es kommt nur noch vor in der Zusammensetzung *dofflnšdauf*, welche ein Gericht Kartoffeln bezeichnet, das der Landmann nach beendeter Kartoffelernte als besondre Gabe seinen Arbeitern vorzusetzen durch altes Herkommen verpflichtet ist. Es ist wohl dasselbe Wort wie mhd. ahd. *stouf* „Becher", eigtl.

wohl „Ehrenbecher. den man jemand spendet“. Dazu stimmt
agls. *steáp*, an. *staup*, ndl. *stoop*, auch agls. *stépan* „angesehen
machen“, „ehren“, „begaben“ (Schade[2] ii, 876). Der Bedeutung
nach steht am nächsten das im Ahd. einmal in ostfrk. R. A. 298
überlieferte *ósterstuopha* „Ostersteuer“, wo mit Schade ([2] ii, 888)
wohl unbedingt *ósterstoupha* zu schreiben ist. Die Grundbedeutung des Wortes ist wohl „Ehrengabe“.

ɣauf „Schelm“, „Narr“ mit Labial, während ahd. *gouh* Guttural
hat; vgl. nhd. *Lauch* und sg. *[bês]lauf* (s. *luχe* pg. 76).

rauχ „Rauch“ ahd. *rouh*, as. *rôk*.

baum „Baum“ ahd. *boum*.

saum „Saum“ ahd. *soum*.

nau „genau“, „sparsam“, westerw. *nâ*, mhd. *nou*, *nouwe*; vgl.
das ahd. adv. *nauwigo*, Schade [2] i, 660.

frau „Frau“ mhd. *vrouwe*, ahd. *frouwa*.

śdrau „Streu“, ohne Umlaut; vgl. mhd. *ströu* aus got. *stráujan*.

hauə „hauen“, westf. *haugen*, *hoggen*, ahd. *houwan*.

frdauə „verdauen“ ahd. *douwen*.

Vor urspr. *g*, das hinter dem *u* velar wird (ɣ), steht sg. st.
auch *ọu*, dagegen eis. *áu*:

eis. *áu* „Auge“ sg. st. *ọu*, ahd. *ouga*, got. *áugô*, plur. *áuɣə*.

eis. *láu*, sg. st. *lọu*, „Lauge“ ahd. *louga*, an. *laug* „warmes Bad“.

Auch das germ. *au* verfiel der Umlautung durch ein *i* oder
j des Suffixes. Indessen drang dieser Umlaut nicht vollständig
durch. In mhd. Zeit blieben im Obd. wie im Md. eine ganze
Anzahl Wörter ohne Umlaut, und erst später dehnte sich derselbe weiter aus. Aber auch die nhd. Schriftsprache hat ihn
noch nicht völlig durchgeführt. Weinhold, mhd. Gr.[1] §§ 101,
102; kl. mhd. Gr[2] § 46.

Als Umlautvocal erhalten wir für das gemhd. *öu*, *äu* im
Sg. verschiedene Laute, die den unumgelauteten Diphthongen
entsprechen. Es ergibt sich also für das frdbg. *ó* als Umlaut
ö, für das fdf. *óu* aber *öi*. Der Dialekt der Stadt duldet ein
öu nicht und lässt dafür *ai* eintreten, das genau dem germ. *ai*
entspricht und auch, wie dieses, gern in *ái* übergeht. *ai* für
äu hat natürlich auch die Mundart von Eisern mit den östlichen
Gebieten.

Wir erhalten demnach als 3. Pers. Sing. Ind. Praes. von *laufə* in den verschiedenen Gebieten: frdbg. *löft*, fdf. *löift*, sg. st. *lâift*, eis. *laift*.

Sonst nennen wir

haifchə „Häuflein", dimin. zu *hauf* ahd. *houf*.

laikļn „leugnen", Intensitivbildung zu ahd. *louginen*, got. *láugnjan*.

raichṛn „räuchern" von *rauχ* abd. *rouh*.

lâib „Söller", „Boden", ein specifisch städt. Wort, ist umgelautet aus ahd. *loube* „Halle", „Galerie um das oberste Stockwerk eines Hauses". Dem sg. st. *lâib* steht am nächsten md. *löube* (Kluge⁴ 201); vgl. noch ndl. *löve*, an. *lopt* „Balkon", engl. *loft*. (Auf dem Land steht für *lâib* *oḷḷṛn* s. pg. 48).

Vollständigen Zusammenfall dieses Umlaut-*ai* mit dem germ. *ai* beweist der Umstand, dass auch das Umlaut-*ai* im Dialekt von Eisern vor *m* in *aē*, vor *r* (ð) und *r* (*b*) in *ā* contrahirt wird. Sg. st. steht hier immer *âi*.

Wir haben:

eis. *baͤemchə*, sg. st. *bâimche*, dimin. zu eis. *baum*, sg. st. *boum*.

eis. *drâͤmə*, sg. st. *drâimə*, von *draum* resp. *droum*.

eis. *frä̤*, sg. st. *frâi*, „Freude" mhd. *vröude*, abd. *frauwida*.

eis. *hä̤*, sg. st. *hâit*, „Kohlkopf", davon *hä̤rəsalaōt* „Salat von Weisskohl", wurde schon von Heinz. pg. 69 als Umlaut von mhd. *haupt*, ahd. *houbit* erkannt. Das Wort kommt auch sonst nhd. dial. fast nur in der Bedeutung „Kohlkopf" vor. (Kluge⁴ 133); vgl. hess. *heid* (Vilm. 154). Zu nennen ist ferner ein urk. *heubet* (248), das dem Lutherischen *Heupt* aus mhd. *höubet* entspricht; vgl. nhd. *zu Häupten*.

Dass in diesen letztgenannten Wörtern *au* resp. sein Umlaut *ai* vor Dental vorkommt, erklärt sich aus dem ausgefallenen Labial; urspr. vor Dental stehend hätte ja *au* monophthongirt werden müssen.

Auch die Behandlung des Umlaut-*ai* in Siegen-Stadt ist ein Beweis für die völlige Gleichsetzung desselben mit dem germ. *ai*. Hier ergibt sich nämlich vor Vocal, im Auslaut und vor zu *j* erweichtem *y* Verengung des *ai* zu *ëi* resp. *ëi̯*. In Eisern haben wir auch hier immer *ai* resp. *ai̯*.

eis. *hai*, sg. st. *hëi̯*, „Heu" mhd. *höu, hou*, ahd. *houwi*, got. *havi*. Es gehört zu ahd. *houwan*.

śdraio̯, sg. st. *śdrëi̯o̯*, „streuen" ahd. *strouwen*, got. *stráujan*. Davon eis. *śdraisl̯*, sg. st. *śdrëi̯sl̯*, „Material zum Streuen".

eis. *draio̯*, sg. st. *drëi̯o̯*, „drohen", eigtl. = *dräuen* ahd. *drouwen*.

eis. *ái̯lcho̯*, sg. st. *ëi̯lcho̯*, „Aeuglein", dimin. zu *áu*, *ou̯*.

Während alle hd. Dialekte der Umlautung des *ou* ziemlich heftigen Widerstand entgegensetzten, schlich der Umlaut sich im Md. in gewissen Wörtern ein und wurde hier zum Teil fest. (Weinhold, mhd. Gr. [1] § 109). Auch der siegener Dialekt zeigt Spuren dieser md. Lautentwicklung. Neben frdhg. *glöry* gehört hierher das im östl. Siegerland geltende *glairo̯* (Wilgersdf.). Bei *glauro̯* ist der Umlaut auch in Eisern üblich in dem Opt. Praet. *glaifdo̯*. Ferner nennen wir ostsg. (wilgersdf.) *kaifo̯*, wozu die urk. Formen *rerkeufen* (211, 335), *keufen* (212, 320) stimmen, und *laifo̯*. (Heinz. pg. 40).

Heinz. pg. 41 zieht hierher noch die Praet. und Part. der Verben *śnëi̯o̯* „schneien", *śrëi̯o̯* „schreien", *śbëi̯o̯* „speien", die sg. *śnou̯, go̯śnou̯o̯*; *śrou̯, go̯śrou̯o̯*; *śbou̯, go̯śbou̯o̯* lauten. Dazu kommt noch *dëi̯o̯* „fortstossen", das *dou̯, go̯dou̯o̯* bildet. Doch zeigt hier schon der Umstand, dass wir das *ou̯* auch im östl. Siegerland vorfinden, dass es hier nicht auf urspr. *au* sondern auf *ú* zurückgehn muss. Dieses *ú* entwickelte sich, zuerst im Praet. Pl. dieser Verben, aus *iu* im Md. (Weinhold, mhd. Gr. [1] § 117); vgl. md. Formen wie *schrúwen, geschrúwen* zu ahd. *scrian* (Schade [2] II, 806). wie auch urk. *gelúwen* zu *lien, lyien* (sg. Uk. 123, 263), das jetzt dem sg. Dialekt verloren gegangen ist. Dieses *úw* wurde dann im Siegerland genau so behandelt wie urspr. *ú* vor Vocal und im Auslaut. (s. pg. 76 f.)

Das germ. eu.

Das germ. *eu*, dessen Bestand frühzeitig schon durch Wörter mit urspr. *ë* + *ww* und *ëw* vermehrt wurde (Weinhold, kl. mhd.

Gr. ² § 47), ist schon in vorgeschichtlicher Zeit durch a, o, e der folgenden Silbe zu eo gebrochen, wenn kein i oder j und kein anderer als dentaler Consonant oder h zwischen eu und den genannten Vocalen stand. Vor Gutturalen und Labialen trat diese Brechung nicht ein. (Behagel P. G. ı, 3, pg. 568.)

Wie im Gotischen entwickelte sich auch im Westgermanischen das eu, wo es ungebrochen blieb, etwa im Laufe des 8. Jahrhunderts zu iu. eu ist nur noch in den ältesten Denkmälern erhalten und zeigt sich besonders im Altsächsischen vor w z. B. in treuua, hreuua u. ä.

Was die Ausbreitung der Brechung des eu in ahd. Zeit angeht, so hielt das Obd. zunächst an dem Lautstand des Altgermanischen fest, während die md. und nd. Dialekte auch vor Gutturalen und Labialen die Brechung eintreten liessen, die also hier nur durch folgendes i oder j verhindert wurde. So steht in ahd. Zeit frk. leob, liob, tiof (aber tiufi!) obd. liup, tiuf gegenüber, ferner frk. liogan obd. liukan, während diot, leoht, lioht gemeinahd. Formen sind. Später machte zwar die Brechung auch im Obd. Fortschritte, doch drang sie hier nie so allgemein durch wie im Md.

Nach dem Gesagten ist im Frk. iu nur vor i, j erhalten geblieben, indessen scheint daneben auch eu, das sich aus ëu oder ë + ww gebildet hatte, von der Brechung verschont geblieben zu sein. Hierher gehören z. B. briuwen, kiuwen, riuwe, triuwe, iuwer, niu, kniu, niun.

Im Obd. konnte bei der später eintretenden Monophthongirung des germ. eu nur die alten iu mit dem Umlaut-iu gleichgestellt und im 12. Jahrhundert diphthongirt werden, (Weinhold, mhd. Gr. ¹ § 119; kl. mhd. Gr. ² § 43), welche ein j-Suffix dazu berechtigte. Diejenigen iu, denen dieses j-Suffix abging, sind dagegen vielleicht nie ganz monophthongisch geworden, jedenfalls sind sie heute noch in vielen obd. Mundarten von den Vertretern des Umlauts iu vollständig geschieden. cf. Brenner in Behaghel's Germania 34, pg. 245 ff. Behaghel: ebdas. pgg. 247 ff. und 370 ff. P. G. ı, 3, pg. 569.

Ganz anders lagen die Verhältnisse im Md. Wenn hier in den heute lebenden Mundarten auf rip. und sdfrk. Boden, (nach Behaghel in P. G. a. a. O. in Hessen, dem nördl. Thüringen und in Altenburg), für urspr. eu „teils ü, teils u bezw. die daraus

entstehenden Diphthonge erscheinen", so bedeutet das den Zusammenfall des alten *iu* nicht mit dem Umlaut des germ. *û*
sondern mit dem *û* selbst. Wie wir im Sg. gleich sehn werden,
verteilt sich nämlich *iû* und *û* in der Vertretung von germ. *eu*
derart, dass *û* als Umlaut des *û* erscheinen muss, denn es steht
iû, wenn altes *iu* vor *i* oder *j* stand, *û* in den andern, weniger
zahlreichen Fällen.

Diesen Zusammenfall des alten *iu* mit dem alten *û* müssen
wir aber auch schon für die mhd. Zeit annehmen. So werden
denn auch in den sg. Urkunden beide Vocale gleichmässig durch
û bezeichnet, das wohl zuweilen nach *o* hinüberneigt, nie aber
eine Spur des Umlauts zeigt. Wie haben z. B. *lûde* 140, 167,
187, 191, 193, 195, 208, 211, 212, 214, 244, 245, 256, 260, 265,
268, 270, 276; *lûden* 229, 251, 290, 302, 311, 320; *lûdin* 288,
309, 312, 313; *lûte* 169, 170, 263; *gezûch* 28, 131; *bezûgen* 130;
gezûchnisse 208; *bezûgnisse* 244; *zûgen* 266; *ûr* 28; *ûwer* 81;
trûwen 123, 191, 266, 269, 288; *hûde* 188, 191. Ausserdem
haben wir *lûde* 214, 250, 147, 169, 187, 193, 263; *lûden* 211,
305; *gezûch* 130, 211; *trûwen* 131. Auch in *lûde* 137, 193,
263; *gezûge* 211 liegt kaum Umlaut vor, wofür eine Form wie
trûeliche 131 als Beweis dienen könnte.

Aus diesem Zusammenfall des alten *iu* mit dem germ. *û*
im Md. ergibt sich aber nun, dass die md. Bezeichnung des umgelauteten *û* durch *û* im 12. und 13. Jahrhundert nicht, wie
man bisher annahm (Weinhold, mhd. Gr. ¹ § 120. Behaghel P. G.
I, 3, pg. 563), nur eine ungenaue Schreibung für ein unbeliebtes
iu war, sondern auch in der Aussprache vollem *û* entsprach. Hätte
im Md. ein Umlaut-*iu* bestanden, so wäre das alte *iu* bei seiner
Monophthongirung sicher, wie im Obd., zu diesem Umlaut, nicht
zum *û* selbst gegangen. In der md. Schreibung *û* der Denkmäler
des 12. und 13. Jahrhunderts auch für den Umlaut sehn wir die
Reaction der md. Volkssprache, die einen Umlaut von *û* damals
noch nicht gehabt hat, gegen ein ihr in der Schrift aufgezwungenes obd. obfrk., bd. unbeliebtes *iu*. Als nun später unter
dem Zwange der Analogie die Umlautung des *û* auch im Md. vor
sich ging, wurden die alten *iu* genau so behandelt wie die
alten *û*, d. h. vor urspr. suffixalem *i, j* trat der neue Umlaut
ein, während sonst der Vertreter des *û* auch das alte *iu* ersetzte. Umlautvocal aber wurde, da *û* in vielen md. Dialekten

verpönt war, meistens *i* resp. dessen lautlicher Nachfolger. Es
ist das eine Lautentwicklung, deren Vorläufer wir schon in
den von Weinhold (mhd. Gr. [1] § 120) citirten Reimen aus Hart-
manns Glauben vor uns haben, die *gediuten* — *witen* (143) —
ziten (195), *geziten* — *liuten* (795) aufeinander binden.

Auch der sg. Dialekt befolgt diese Entwicklung genau.
Hier haben wir die gesetzlichen Vertreter des germ. *i*, also *i*
vor *r* (ð), *s*, *v* (*b*) und *r*, *i* vor den andern Consonanten, *ëi* vor
Vocal und im Auslaut als Vertretung von germ. *eu*, wenn ein
suffigirtes *i*, *j* folgte. War dies nicht der Fall, so erhalten
wir für altes *eu* die Nachfolger von altem *û*: *û* vor den genannten vier weichen Spiranten, *u* vor den übrigen Consonanten,
oų vor Vocal und im Auslaut.

Bei mehreren Stämmen treten diese Lautverhältnisse noch
ganz klar zu tage. So vor allen im Praes. des Verbums *zê*
„ziehen" ahd. *ziohan*, got. *tiuhan*. Hier haben die 2. und 3.
Pers. Sg. Ind. wegen des urspr. *i*-Suffixes *zist*, *zitt*, während
der Imp. *zuχ* lautet. Falsche Analogie hat dann zu dem Ind.
zist, *zitt* einen Imp. *zich*, *ziich* wie nach dem Imp. *zuχ* einen
neuen Infinitiv *zuχə* hervorgebracht.

Hierher gehören ferner:

niv „neun" entspricht mhd. *neune*, das noch in nhd. dial. *neune*
nachklingt. Es geht auf ein **niuni* zurück. (Schade [2] I, 653).
Wo das thematische *i* am Schluss abfallen musste, z. B. in
Zusammensetzungen erhalten wir *u*, das in sg. *nuvzə* „neun-
zehn", *nuvzich* „neunzig" vorliegt. Eis. *nainzə*, *nainzich* sind
Neubildungen nach der Schriftsprache.

qouə „kauen" ahd. *kiuwan* hat *u*-Laut, das Iterativ *këiļn* „durch
Verziehen des Mundes Grimassen schneiden" den *i*-Laut.

blëiļ „flaches Holz zum Schlagen" md. *blûwel*, ahd. *bliuwil* hat
den Nachfolger von *i*. Von demselben ahd. *bliuwan* ist abgeleitet sg. *blou* „durch den Schnee getretene Bahn", dazu
šęnnblou „Schindanger", wwäld. *blau*, westf. *blugge*, das *u*-Laut
hat. Heinz. pg. 44; Wb. pg. 25. Für eis. *blau*, an dessen
Stelle man *blou* erwartet, müssen wir hess. nass. Beeinflussung
annehmen.

Wir haben ferner den *u*-Laut in folgenden Wörtern:
fûər „Feuer" md. *vûr*, ahd. *viur*.

brọụɔ „brauen" md. *brûwen,* ahd. *briuwan.*

ọụ ist dat. acc. plur. des Pronomens der 2. Pers. und entspricht damit dem mhd. ahd. dat. *iu,* ist aber zugleich auch für den accus. ahd. *iuwih,* mhd. *iuch* eingetreten. Es liegt hier also die umgekehrte Analogieausbreitung vor wie in der nhd. Schriftsprache. Anders ist es beim tonlosen Pron. (s. pg. 107 f.). Das poss. *ọụr* entspricht md. *ûwer,* urk.*ûr* (28).

Den häufigern *i*-Laut haben wir in

li „Leute" md. *lûte,* ahd. *liuti.* Eine alte Bedeutung, die an got. *liudan* noch erinnert, hat das Sg. bewahrt, wenn *li* in einigen sprichwörtlichen Redensarten „Erwachsene" bedeutet. So in der Interjection des Erstaunens *iɔr li ọnn iɔr kẹɔnnr!* „ihr Leute und ihr Kinder!", sowie in dem Sprichwort *ụzz kẹɔnnr vãẽɔrn li* „aus Kindern werden Leute".

diɔr „teuer" ahd. *tiuri.*

bɔdirɔ „bedeuten", ahd. *diuten* aut **diutjan.* i ist verkürzt in *ditlich* „deutlich".

dilš „deutsch" ahd. *diutisc.*

zijjɔ „Zeuge", mhd. *geziuge* aus ahd. **giziugi.*

šlinnich „allmählich ansteigend" mhd. *sliunec.*

nẽị „neu" ahd. *niuwi.*

drẽị „treu" ahd. *gitriuwi,* got. *triggrs.*

šẽịsḷ „Vogelscheuche", dann auch Schimpfwort, md. *schûsel* von md. *schûwen,* ahd. **sciuhjan* Schade ² II, 799.

glẽị̣ḷ „Knäuel" ahd. *chliuwelîn* zu *chliuwa.*

dẽịɔ „fortstossen", „drängen" gehört zu mhd. *diuwen,* ahd. *diuwan* aus **diuwjan* (Schade ² I, 106). Zur selben Wurzel gehören mhd. *diu, diuwe* „Magd", got. *þius,* vb. *þivan.* Hierzu, nicht zu got. *divan* (Schade ² II, 948), stellen sich ferner die slav. Wörter lith. *dówyti* „umherjagend abquälen", russ. *daviti* „drücken", „pressen". cf. Schade ² I, 106; II, 931. I, pg. XLVII.

Zu diesem Zeitwort ist durch volksetymologische Uebertragung vielleicht ein lat. Lehnwort gestellt worden, welches ohne diese Annahme unregelmässig behandelt wäre, und zwar nicht nur im sg. sondern auch in andern Dialekten. Es ist das lat. *diabolus,* das im Sg. nicht, wie man erwarten sollte, entsprechend ahd. *tiufal* als **diṛḷ* erscheint, sondern *dẽị̣rḷ* lautet.

Ganz analog sind diphthongische Formen des Wortes in alem. Mundarten, die Behaghel in P. G. I, 3, pg. 565 erwähnt. Hier ist nämlich das ahd. *iu* so behandelt. als stünde es vor Vocal oder im Auslaut. Die Volksseele muss also wohl hier die Empfindung gehabt haben entweder, dass das Wort ein regelrechtes Compositum, oder wenigstens, dass es eine Suffix-Ableitung eines Stammes *diu-* sei, die dann dem oben besprochenen *šeïsḷ* durchaus parallel wäre. In beiden möglichen Fällen wäre aber wohl Anlehnung an jene Wurzel *diu-*, *diuv-*, die in sg. *dëïə* vorliegt, kaum abzuweisen. Von Seiten der Bedeutung steht dieser Uebertragung nichts im Wege, ja verschiedene Umstände zeigen, dass dem Volksglauben der Teufel als der Bedrücker des Menschen erschien. Im Volkslied der Dithmarschen erscheinen die Bedränger dieses so heftig verfolgten Völkchens als *Deusen*, d. h. Teufel (Müllenhoff, Sagen, Märchen u. Lieder aus Schlesw.-Holst. XXXVI), und noch heute bedeutet im Bair. *teufeln* einfach „prügeln" (Schmeller[2] 1, 590). Das *Doggele* des Schweizers, ein Diminutiv zu *Dogo* und zum Stamme *diu-* gehörig, welches Albgeister bezeichnet (Mogk, Mythologie in P. G. I, 6, pg. 1017), kann uns zeigen, dass auch sonst Ableitungen der in Rede stehenden Verbalwurzel dem Menschen feindliche Quälgeister bezeichnen. An ein solches Wort aber konnte sehr wohl das lat. Lehnwort angeschlossen werden. Liegt ferner nicht auch in der Redensart „dich soll der Teufel reiten" eine Vorstellung zu grunde, die lebhaft an jene Alben erinnert? Für Ableitung von *tiufal* aus *diu-* in der Volksetymologie spricht auch eine weit verbreitete Nebenform des Wortes, welche sg. als *dëïḵr* erscheint. Hier bediente man sich bei derselben Wurzel scheinbar eines andern Suffixes. Zu diesen positiven kommen Gründe mehr negativer Art. Schon Kluge[4] 353 fällt der „echt germ. Lautcharakter" von ahd. *tiufal* auf gegenüber got. *diabaúlus*, das sich ängstlich an das griech. Stammwort anlehnt. Auch passen Neutralformen wie *tiefela*, *diufilir*, *diuvala*, welche Otfrid (III, 14, 87, 53) bietet, weit besser zu einer deutschen Umbildung des Lehnworts als zu dem doch so ungemein persönlichen Sinn des lat. griech. *diabolus* „Verleumder" selbst. Trotzdem machen die erheblichen Schwierigkeiten, welche der anlautende Dental bereitet, es für die obd. Mundarten höchst zweifelhaft, ob hier Anlehnung von *diabolus* an den Stamm

diu- stattfand, zumal ja viele mundartliche und auch die schrift-
sprachliche Form ohne diese Annahme erklärt werden können.
Für das sg. *dëjr̥l* und wohl auch für die erwähnten alem.
Formen ist dagegen die Annahme der Anlehnung zur lautlichen
Erklärung ganz unentbehrlich. Auch fügt sich ja der anlautende
Consonant in dem Sg. ohne weiteres. Ebenso sind die Schwierig-
keiten des Consonantismus im Alemannischen nicht unüberwind-
bar, denn Otfrid, der hier mit den Alemannen geht, hat nur
inlautendes, nicht aber auch anlautendes altgerm. *d* verschoben.
(Braune, ahd. Gr.² § 163.)

Unregelmässig ist sg. *hô* „heute" gegenüber md. *hüte*, ahd.
hiutu. Hier ist vielleicht Einfluss der mhd. Urkundensprache
im Spiel: wie sonst die md. Gemeinsprache *û* zeigte, wo die
sg. Mundart altes *ô* erhalten hatte, so nahm man hier nach dem
md. *hüte* im Sg. ein falsches *hô* auf.

Auch *frenn* „Verwandte" hat im Sg. seine besondre Entwicklung gehabt. Hier wurde das für gembd. *iu* eintretende
md. *û* vor *nt* sehr früh verkürzt, wie das auch z. B. im Bair.
geschah (Weinhold, mhd. Gr.² §§ 130, 132; bair. Gr. §§ 60, 30).
Man vergleiche auch die Verkürzung des md. *û* aus *uo* in *stunt*,
stunden (Weinhold, kl. mhd. Gr.² § 50). Das so entstandene *u*
verfiel dann mit dem altgerm. *u* der Senkung zu *o*. Diesen
Entwicklungsgang bestätigen die sg. Urkunden, welche neben
gewöhnlichem schriftmd. *frunt* (214, 260, 266, 288, 332) auch
einige Male *fronde* haben (187, 244, 248). Der Umlaut des
heutigen sg. *frenn* ist wohl aus dem Plural zu erklären; der
Singular kommt überhaupt nicht vor. Den specifischen Sinn
„Verwandte" hat das Wort auch in nd. hess. els. schwäb. Dialekten (Kluge⁴ 95).

Der Brechungsvokal des *eu*, das *eo*, wird in ahd. Zeit im
Allgemeinen zu *io*, bei Otfrid zu *ia*, und dann seit 850 weiter
zu *ie* entwickelt. Im Md. ist dies *ie* nie beliebt gewesen, und
die östlichen Mundarten haben es sehr bald zu *i* vereinfacht
(Weinhold, mhd. Gr.¹ § 73 ² § 134; kl. mhd. Gr.² § 48). In den
westmd. Gebieten ist vielleicht, wie dies ja auch in nd. Mundarten die Entwicklung gewesen zu sein scheint, der Brechungsvocal *eo* in der Volkssprache überhaupt nie zu *io* gewandelt

worden. sondern hat sich direkt zu *ê* entwickelt. Jedenfalls ist auch in den Denkmälern aus Ripuarien *ê* für *eo* schon früh nachweisbar. (Weinhold, mhd. Gr. [1] § 66. [2] §§ 135, 136.) Dieses volkssprachliche *ê* haben auch die sg. Urkunden zuweilen neben dem gewöhnlichen schriftmhd. *ie* und dem ostmd. *i*. So lesen wir *lebe* 81; *kesin* 332; *verzich* 248; *eemanne* 288. Auch Formen wie *leyven* 269; *keysen* 311; *veirzich* 250, 260, 261, 267, 268, 269, 288, 311 dürfen wir wohl hierherziehn. In der heutigen sg. Mundart ist wie sonst rip. das *ê* vollständig fest. Nur vor *r* ist hier, in vereinzelten Fällen auch vor *s*, eine Erhöhung des *ê* zu *iə, i* eingetreten, die sich auch sonst vor diesen und verwandten Consonanten eingestellt hat. (Weinhold. mhd. Gr. [1] § 99). Die ersten Spuren dieser Erhöhung des *ê* sehn wir in jener so unverhältnismässig häufigen Schreibung *veirzig* der Urkunden.

   Beispiele:

rêt, daneben verkürzt *rętt*, „Ried" ahd. *riot, hriot*, agls. *hreód*.
bêrə „bieten" ahd. *biodan*, got. *biudan*.
gêzə „giessen" ahd. *giozan*, got. *giutan*.
bêstmęlch „die erste Milch der Kuh nach dem Kalben" wie mhd. *biest*, ahd. *biost* „lac novum."
bês „Binse" geht auf md. *biese*, mnd. *bese*, nicht auf ahd. *binuz*, mhd. *binz* zurück. Heinz. pg. 52. Dazu *bêslauf* „Schnittlauch".
lêf „lieb", fränk. *liob*, obd. *liup*.
gnê „Knie" ahd. *kniu*, got. *kniu*.
grêv „Griebe" ahd. *griobo*.
lêjə „lügen" ahd. *liogan*, got. *liugan*; die nhd. Schriftsprache hat unorganisches *ü*.
rêkə „Wieke", „Docht" ahd. *wiohha*.
lêcht „Licht" ahd. *lioht*. Verkürzung liegt vor in *lęchdə* „Laterne".
zê „ziehn" ahd. *ziohan*, got. *tiuhan*. Dazu gehört wohl *zêchə* „Bettüberzug", das dann nicht auf lat. *thêca* zurückgehn könnte. (Kluge [1] 396.)
rêmə „Riemen" ahd. *riomo*.
dên „dienen" ahd. *dionôn*, got. *þiunôn*.

   iə für *ê* erhalten wir nach dem oben Gesagten vor *r*:
diər „Tier" ahd. *tior*, got. *dius*.
biər „Bier" ahd. *bior*, agls. *beór*.

fiar „vier" ahd. *fior*, [got. *fidvôr*].

Beide Formen, *e* und *i*, bietet der sg. Dialekt in einigen Fällen vor intervocalischem *s*, welches hier dem Rhotacismus widerstanden hat. Es ist dies der Fall in *frésə, frìsə* (so in Eisern) und *frlèsə, frlisə* zu ahd. *friosan* resp. *virliosan*. In der Stadt Siegen hat schriftsprachlicher Einfluss *friərn* und *frliərn* üblich werden lassen.

II. Die Vocale der Nebensilben.

War der Vocalwandel in den betonten Stammsilben wesentlich ein qualitativer, so tritt in den unbetonten Nebensilben mehr die quantitative Seite des Lautwandels hervor. Der Hang zur Bequemlichkeit, der der Sprache eigen ist, darf sich an den betonten Stammsilben nicht vergreifen, denn diese machen das Leben des Wortes aus. Dagegen darf er sich in den unbetonten Nebensilben ungestraft geltend machen. Wenn nur der Stamm selbst nicht beschädigt wird, die Aeste mögen verkümmern, bis sie zuletzt gänzlich abfallen.

Und wiederum kann sich die Neigung zur Verschleifung der Silben in den Volksmundarten viel eher geltend machen als in der geschriebenen Sprache. Die Schriftsprache setzt ihr, seit sie durch Erfindung der Buchdruckerkunst einen so gewaltigen und umfassenden Einfluss gewonnen hat, in dem geschriebenen Wort einen Damm entgegen, der den Strom der Sprachentwicklung, · wenn auch nicht ganz aufhalten, so doch immer für einige Zeit hemmen kann, indem hier die alte Klang- und Silbenfülle immer wieder vor das Auge tritt. Es ist daher lediglich Einfluss der nhd. Schriftsprache, wenn wir im heutigen Nhd. des Gebildeten in den Nebensilben noch wesentlich dieselben Vocale haben wie in mhd. Zeit. In einzelnen Fällen hat sogar Einfluss der Schriftsprache es zu wege gebracht, dass Verschleifungen, welche im Mhd. ganz gebräuchlich waren, heute wieder durch ihre ehemaligen vollsilbigen und volllautlichen Formen ersetzt sind. Das lehren Composita wie mhd. *kirmesse* (Schade² I, 491); *kirspel*, *kirspil* (sg. Uk. 167, 248, 288, 263); *himper* „Himbeere" (Kluge⁴ 143), ähnlich *kratzber* (Schade² I, 511). Freilich dürfen diese Formen als Zeugnis gegen das Bestehn einer mhd. Schriftsprache überhaupt nicht angeführt

werden, sie beweisen nur ihren geringern Einfluss; dieser aber
erklärt sich sehr leicht. Jedenfalls ist heute der Einfluss der
Schriftsprache ein enorm grosser, und er macht sich in der
Behandlung der Nebensilben auch in den Mundarten geltend,
wenn auch natürlicher Weise die Verschleifung hier viel weiter
gediehen ist als in dem Nhd. der Gebildeten.

Die hier zu behandelnden Nebensilben können nun ihrem
Ursprung nach ehemalige Stammsilben sein, welche, sei es durch
Anlehnung an ein besonders stark betontes Wort (Enklisis und
Proklisis), sei es durch Composition, sei es aus andern Gründen,
ihren Hochton verloren haben und zu Nebensilben herabgesunken sind. Sie können aber auch ursprüngliche Nebensilben sein.

Nebensilben, welche ehemals Stammsilben waren.

Wir haben hier zunächst die Enklitika und Proklitika zu
behandeln, ferner die Composita, welche den einen oder beide
Bestandteile verkümmern liessen. Besonders zu betrachten sind
dann noch die Eigennamen.

Enklitika und Proklitika.

Im Sg. geben einzelne Wörter, meist Pronomina, denen an
sich schon eine geringe Tonfülle eigen ist, wenn auf ihnen kein
besondrer Nachdruck ruht, genau wie die griech. Enklitika und
Proklitika ihren Stammsilbenton auf und lehnen sich als Nebensilben an das Wort, zu dem sie gehören, an. Durch die Auf-
gabe der Betonung sinkt der Vocal dieser einsilbigen Pronomina auf seine niedrigste Stufe, den irrationalen Vocal ə, herab.
ə in Verbindung mit Liquida oder Nasal führt zu Liquida resp.
Nasalis sonans.

Da es sich im Folgenden vielfach um Casusformen der
Declination handeln wird, so muss vorausgeschickt werden,
dass dem Sg. wie zahlreichen nd. Dialekten ein eigentlicher
Genetiv fehlt. (Wegner in P. G. i, 5, pg. 944.) Vorhanden ist
nur, und zwar ganz vereinzelt, ein angelsächs. Genetiv, gewöhnlich aber tritt Umschreibung ein, und wird z. B. der possessive
Genetiv durch den Dativ mit dem Possessivpronomen der 3.

Person bezeichnet. Also „meines Vaters Haus" ist sg. *minyu färr siv huss*. Sonst werden meist Praepositionen angewandt.

Zu den proklitischen Wörtern gehört zunächst der Artikel, der bestimmte wie der unbestimmte, wenn er tonlos steht. cf. Paul. mhd. Gr.² § 15.

Wir stellen die betonten und tonlosen Formen der Vergleichung wegen nebeneinander:

Bestimmter Artikel:

Betont:

Sing. Nom. *däẽ*   *di*   *dat*

Dat. *dëəmm*   *däẽər*   *dëəmm*

Acc. *dëənn*   *di*   *dat*.

Plur. Nom. *di*

Dat. *dëənn*

Acc. *di*.

Tonlos:

Sing. Nom. *dṛ*   *də*   *dət*

Dat. *dm̥*   *dṛ*   *dm̥*

Acc. *də*   *də*   *dət*.

Plur. Nom. *də*

Dat. *də*

Acc. *də*.

Zu erwähnen ist noch, dass im Accus. Sing. Masc. sehr häufig sich die proklitische Nominativform einstellt, während dies bei den betonten Formen nie geschieht. Es ist dies der sog. rheinische Accusativ. cf. Heinz. pg. 61.

Unbestimmter Artikel:

Betonte Form:

Nom. *ënn*   *äẽ*   *äi*

Dat. *ëmm*   *aẽər*   *ëmm*

Acc. *ënn*   *äẽ*   *äi*.

Tonlose Form:

Nom. *n̥*   *n̥*   *ə*

Dat. *m̥*   *r*   *m̥*

Acc. *n̥*   *n̥*   *ə*.

vgl. noch die Behandlung des Zahlwortes *ain* pg. 84 f.

In der Stadt sind diese Verhältnisse der betonten zur proklitischen Form besonders beim unbestimmten Artikel durch schriftsprachliche Einflüsse verwischt.

Im Allgemeinen ist noch zu bemerken, dass die vollen Formen des Artikels noch mehr zu ihrer urspr. Bedeutung hinneigen, also der bestimmte Artikel zum hinweisenden Pronomen, der unbestimmte zum Zahlwort.

Auch beim Fürwort selbst hat sich im Sg. der enklitische Gebrauch eingestellt und zwar beim persönlichen Pronomen, beim Reflexivum und beim Pronomen der 3. Person. Hier ist die Scheidung zwischen betonter und unbetoner Form so consequent durchgeführt und so streng gesetzmässig geordnet, dass wir mit Fug und Recht nach französischer Weise von einem Pronomen absolutum und einem Pronomen conjunctum reden können. Andrerseits sind die Grenzen für den Gebrauch des Pronomen conjunctum, der tonlosen Form, ziemlich eng gezogen, da diese meist nur in der Fragestellung und in den obliquen Casus beim Verbum erscheint. In der gewöhnlichen, nicht invertirten Wortstellung stehn dagegen gewöhnlich die vollen Formen.

Wir haben nun:

Pron. personale I. Pers.:

Betont:

	Nom. Sing.	*ęch*	Plur.	*miər*
	Dat.	*miər*		*ôs*
	Acc.	*męch*		*ôs*

Enklitisch:

	Nom. Sing.	*ich*	Plur.	*mr̩*
	Dat.	*mr̩*		*əs*
	Acc.	*mich*		*əs.*

II. Pers.:

Betont:

	Nom. Sing.	*dü*	Plur.	*iər*
	Dat.	*diər*		*ọu̯*
	Acc.	*dęch*		*ọu̯.*

Enklitisch:

	Nom. Sing.	*də*	Plur.	*r̩*
	Dat.	*dr̩*		*ich*
	Acc.	*dich*		*ich.*

Beim pers. Pron. ist noch zu bemerken, dass das Sg. hier
auch einen Genetiv hat. Es ist dies die mhd. Neubildung
minr, dinr, die wohl aus der Schriftsprache stammt und enklitische Formen natürlich nicht bilden kann.

In Bezug auf die angeführten enklitischen Formen ist noch
besonders zu beachten, dass vor dem palatalen *ch,* wie auch
sonst oft zu geschehn pflegt, für *ə* ein *i* eintritt.

Im Dat. Acc. Plur. des pers. Pronomens der 2. Person ist
in den betonten Formen, wie schon pg. 99 bemerkt wurde,
die urspr. Dativform ahd. *iu,* bei dem enklitischen Pronomen
aber die Accusativform ahd. *iuwih* auch für den betreffenden
andern Casus in Gebrauch gekommen. Letzterer Entwicklung
folgt auch das Nhd. der Schriftsprache.

Das Reflexivum hat sg. die Formen *siər, sech,* enklitisch
sr, sich. Der Dativ *siər,* enklit. *sr* ist wohl kaum der lautliche
Nachfolger von got. *sis,* obwohl er es sein könnte, sondern vielmehr Neubildung nach *miər* und *diər.* Auch der Genetiv hat
eine Neubildung *sinr.*

Das absolute geschlechtige Pronomen der 3. Person hat
folgende Formen:

Sing. Nom.	*hae͡*	*si*	*ëət*
Dat.	*ëəmm*	*ae͡ər*	*ëəmm*
Acc.	*ëənn*	*si*	*ëət.*
Plur. Nom.	*si*		
Dat.	*ëənn*		
Acc.	*si.*		

Die entsprechenden enklitischen Formen sind:

Sing. Nom.	*ə*	*sə*	*ət*
Dat.	*ṃ*	*r*	*ṃ*
Acc.	*ṇ*	*sə*	*ət.*
Plur. Nom.	*sə*		
Dat.	*ṇ*		
Acc.	*sə.*		

Auch hier haben wir einen Genetiv, es ist die schriftspr.
Neubildung des Reflexionspronomens *sinr,* wozu ein *ae͡ərr* neu
geschaffen wurde, das Gen. Sing. Fem. und Plur. ist.

Ausser an das Verbum lehnen sich diese Pronominalformen
auch gern an Praepositionen an.

Spuren dieser enklitischen Schwächung der Pronomina hat schon das Mhd. in grosser Zahl (Weinhold, mhd. Gr. §§ 19, 458 ff.; kl. mhd. Gr. [2] § 194.). Auch die sg. Urk. haben zahlreiche Belege derselben.

Composita.

Verwandt dem Herabsinken selbständiger Wortformen zu Enkliticis ist die Behandlung eines der Bestandteile der Composita. Während die Schriftsprache hier immer wieder ganz besonders deutlich an die alten Compositionselemente mahnt, erleidet im Volksdialekt dadurch, dass beide Compositionselemente ungleich betont werden, der minder starken Accent tragende Teil nicht selten eine wesentliche lautliche Reduction, die ihn den Nebensilben nähert. Gewöhnlich zeigt sich diese Schwächung beim zweiten Bestandteil, doch kann sie auch beim ersten eintreten, ja es können ihr auch beide Compositionselemente anheimfallen. Die Vocalstufe der auf diese Art geschwächten Silben ist meist genau die der andern Nebensilben, der irrationale Vocal. Oft schwinden Silben auch ganz und gar.

Sehr oft hat das Sprachgefühl die alten Compositionselemente in ihrer Verstümmlung nicht mehr erkannt, weshalb leicht ein falsches Geschlecht eintritt. Ja die Empfindung, dass ein Compositum vorliege, kann bis zu dem Masse verwischt werden, dass man das eine Element als Bestandteil des andern oder vielmehr beide als ursprüngliches Ganze auffasst und nun ein Suffix anfügen kann. Dieser Fall liegt z. B. vor in sg. *drävrlis* „Tragbahre" aus ahd. *tragan* und *bára*.

Beispiele:

felvəz „niedriger Korb aus Eichenschienen" wurde unter *u* (pg. 49) besprochen. vgl. Vilm., pg. 111. Bech, pg. vii.

hëns „Handschuh" ahd. *hantscuoh* (s. pg. 28).

drivəz „Dreifuss", dann auch „einfältiger Mensch", aus *dri* und *fuoz*; vgl. *bârvəz* „barfuss". Heinz. pg. 63.

hailvəz „Buchweizen"; daneben steht ein *hailəf*. Nach Heinz. 72, der das letztgenannte Wort wol richtig als „Heidelaub" erklärt, soll *hailvəz* ein verstümmelter Genetiv dieses *hailəf* sein. Es kommt aber keineswegs nur im Compositis (*hailvəzmaël*,

hailvჳꭓôꭓə) sondern auch für sich allein vor. Es sind daher
zwei getrennte Formen anzunehmen, und ist *hailvჳ* als
„Heideweizen" aus *heide* und *weiჳ* zu erklären (vgl. die Bezeichnung *Buchweizen*). Das *l* in *hailvჳ* ist dann so aufzufassen wie in mhd. *heidelbër* zu ahd. *heitperi*, sowie in sg.
hëərlfrau „Hebamme", md. *hevelsche*, das Weinh. (mhd. Gr. ¹
§ 249) freilich anders erklärt.

êməჳ „jemand", *nêməჳ* „niemand" sind, wie das archaistische
êmə, *nêmə* beweist, an das später zu besprechende Suff. *-əჳ*
(s. die Suff.) angelehnt. Eine ähnliche Modification erfuhr
das sg. st. aus der Schriftsprache übernommene *êmanz*.

baꝗꝗəs „Backhaus", gew. neutr., in Eisern aber masc., ein Zeichen,
dass man hier sich der Zusammensetzung mit *huss* nicht mehr
bewusst ist. vgl. soest. *baks*, ruhl. *brubs* (Behagel P. G. I, 3,
pg. 575). Heinz. citiert pg. 95 noch sg. st. *räodəs* „Rathaus",
śäöfəs „Schafhaus".

rèsəbọbbḷ bezeichnet in Eisern die Sumpfdotterblume, Caltha
palustris. *-bọbbḷ* ist wohl die Verstümmlung von *bọddḷrblôm*,
„Butterblume", wie diese Pflanze sehr häufig heisst. Wenn
in der Stadt *bọbbḷn* die Blätter des grossen Huflattichs,
Tussilago petasites, bezeichnet, so ist das wohl weiter nichts
als eine Uebertragung des Namens von Caltha palustris her,
die in der grossen Aehnlichkeit gerade der Form der Blätter
beider Pflanzen ihre Erklärung findet.

grômət „Grummet" mhd. *gruonmât.* (s. pg. 70).

haiarn, haiân m., sg. st. *hëiân* „Heuernte", zusammengesetzt
aus ahd. *hauwi* und *aran*, got. *asans*, Kluge ⁴ 74. cf. hess
ern Vilm. 94. Ebenso *grôməჳân* „Grummeternte" aus **grô-
məts ärn.*

ọllṛn „Söller" wurde bereits unter *u* (pg. 48) besprochen, es
besteht aus mhd. *uller* und *ərn*, ahd. *arin*.

sọlbṛ „Salzbrühe", „Schmutzwasser", bestehend aus ahd. *sol*
„Kotlache" zu *suljan* (Schade ² II, 842. 891) und mhd. *brüeje*,
sg. *brē* „Brühe". Den Begriff des Schmutzigen zeigen noch
das sg. Verbum *sọlbṛn* „in (schmutzigem) Wasser plantschen",
und *ꝗəm sọlbṛ lëiiə* „Katzenjammer haben", eigentlich wohl
„in der Gosse liegen". vgl. frz. *sale.* Anders Vilm 388.

husbṛ „Sperling", nur in der Stadt üblich, auf dem Land dafür nur *šbatz*, enthält als zweiten Bestandteil ahd. *sparo*, mhd. *spar*. Kluge [4] 333.

nūǫχbr „Nachbar" mhd. *nāchgebūr*, ahd. *nāhgibūr*.

hāelŗ „Holunder" entspricht, bis auf Dehnung und Umlaut des Stammvocals, dem mhd. *holr, holder*. Bestandteile sind ahd. *hol* und got. *triu* „Baum".

ǟrich „Canal" gehört wohl ohne Zweifel zu dem hess. *aduch* Vilm. 4, Bech II, das von diesen auf lat. *aquaeductus* zurückgeführt wird. Das in Eiserfeld übliche *ärrrich* könnte eine Bildung analog dem Plur. *märrchr* „Mädchen" sein, könnte aber auch für germ. Ursprung des Wortes sprechen. Erster Teil wäre dann vielleicht umgelautetes ahd. *auwa*, an. *ey* (Schade [2] I, 670), das in *Eidergans*, sowie in Orts- und Flussnamen wie *Eider, Eitorf* u. ä. vorliegt, zweiter sg. *dich*, agls. *dič*.

brāǫmbŗ „Brombeere" (s. pg. 55) enthält als zweiten Bestandteil uhd. *Beere*, ahd. *peri*. Derselben Bildung sind *hęǫmbŗ*, *hęmbŗ* „Himbeere" mhd. *himper* (Kluge [4] 143); *ėǫrbŗ* „Erdbeere"; *vāolŗ* „Waldbeere", das auch das erste Element verändert hat.

ursbŗt, ussbŗt „Frühling" enthält als erstes Element wohl sicher das idg. Wort für Frühling, das wir haben in an. *vár*, mengl. *wêr*, nfries. *ūrs, wos* (Kluge [4] 210), lat. *ver*, gr. ἔαρ, skr. *vasar*. Der zweite Bestandteil ist dunkel; vielleicht mhd. *burt* „Geburt"?

braimļ „Breimehl", ein jetzt veraltetes Wort. Das Bewusstsein der Composition verrät eis. *brëjmļ*. Vilm. 52 f.

kęnnļvŗ „Kindtaufe", ein archaistischer Ausdruck, vgl. meckl. *kindelbir*, ostfries. *kindelbêr* (Heinz. pg. 64). Auch allein bezeichnet an. *biorr* „Gelage" (Schade [2] I, 66). Wir schliessen ein paar andre Bezeichnungen für Familienfeierlichkeiten an. Für Begräbnissfeier haben wir *lichgɔlǫχ* „Leichengelage", wo vielleicht Gelage die urspr. Bedeutung „das Legen" (nämlich der Leiche in den Sarg) hat und wohl zu ahd. *lága* gehört. (Kluge [4] 108. Schade [2] I, 530.). Die Verlobung erscheint als *ręnqof* und damit als ein abgeschlossenes Kaufgeschäft; cf. mhd. *winkouf*, urk. *winkaûfes* (250). Heinz. pg. 59.

banzļ „schmales bandförmiges Halstuch", genau derselben Bildnngsweise wie das pg. 17 besprochene *rûrzļ*, besteht aus ahd. *bant* und *twęhel*, nhd. dial. *Zwęhle* (Kluge [4] 402).

ŋmmich „Ohnmacht", genau dem mhd. *âmaht* entsprechend.

ręlz? „wann?", zusammengesetzt aus ahd. *welh* und *zit*, wie das urk. *welzit* (293) beweist.

rûərŋm „Sauerampfer", Rumex acetosa, ist eine tautologische Composition von ahd. *sûr* und *ampfaro*, das auch sonst nhd. dial. als *ampf* erscheint und auf lat. *amarus* zurückgeht. (Kluge [4] 8.)

sǫrnsdə „Schornstein", mhd. *schornstein* zu ndl. *schoor* „Stütze".

rûērļ „Wagenladung", in Eisern masc., nach Heinz. fem., hat das ahd. *fol* als 2. Teil der Composition (Heinz. pg. 63 f.); ebenso *ûręļ f.* „ein Arm voll" obd. *arfl* (Behaghel P. G. I, 3, 575); *mǫffļ f.* „ein Mund voll" obd. *mumpfl*, dazu *mǫffļn* „mit vollen Backen kauen"; *hâfļ f.* „eine Hand voll" obd. *hampfl*.

Beide Compositionselemente sind verstümmelt in

aubŗ „Augenbraue" mhd. *ouębrâ*, vgl. nhd. *Wimper* mit mhd. *wintbrâ*;

und in den Zusammensetzungen mit *kirchə*:

kirməs sg. nur in der Bedeutung „Geschenk, das man von der Kirmes mitbringt" mhd. *kirmesse*; *kirsbļ* „Kirchspiel" mhd. *kirspil*, Kluge [4] 171, urk. *kirspel, kirspil* (sg. Uk. 167, 248, 288, 263); *kirfich* „Kirchhof" mit eigentümlicher Metathesis von *f* und *ch*.

Eigennamen.

Von allen Wörtern haben die Eigennamen die stärkste Individualität. Sie bleiben daher auch verstümmelt meist noch verständlich und der Hang der Sprache zur Verschleifung zögert nicht, diesen Umstand auszunutzen.

Wir betrachten zunächst die geographischen Namen. Sie geben sich meist als Composita, deren erster Teil der eigentliche Eigenname, deren zweites Element aber eine aus einer ziemlich beschränkten Zahl von geographischen Bezeichnungen ist, die sich deshalb oft wiederholen. Für die Deutlichkeit des geographischen Namens sind diese letzten Elemente von sehr geringer Wichtigkeit, deshalb fallen sie auch leicht der Verstümmlung anheim. Wie wenig Wert die Sprache auf diese

Bestandteile der Namen legte, geht daraus hervor, dass im Volksmund z. B. zuweilen ein ganz andres Wort als zweiter Teil der geographischen Benennung erscheint als in der Schrift üblich ist. Ein Beispiel dafür bietet der siegerländer Ort *Flammersbach* (urk. *Flamersbach* 125), der im Volksmund nur *Flǟmr̥šdrf* heisst; vgl. berlinisch *Potsdorf* „Potsdam", *Schlorndorf* = *Charlottendorf* „Charlottenburg."

Oft hat die Volkssprache alte Suffixe in Ortsnamen bewahrt, welche die Schriftsprache nicht mehr als solche erkannt und deshalb durch neue ersetzt hat. Das geschah z. B. in *Littfeld*, im Volksmund *Lętfə*, urk. *Litphe* (sg. Urk. pg. 206); *Fischbach* sg. *Fęšbə*, urk. *Vispe* (250). *Orerryspe* (288), *Vysphe* (pg. 206).

Wir betrachten die Namen nach ihren Nominalsuffixen.

Das suffixal verwandte -*bach* erscheint sg. gewöhnlich als -*mich*. So in:

Aχəmich Achenbach, urk. *Achinbach* (108). *Baiəmich* Beienbach, urk. *Beinbach* (77). *Almich* Allenbach, urk. *Altpach* (216). *Hęlchəmich* Hilchenbach, urk. *Heylichinbach* (63), *Helchinbach* (125). *Krǫmmich* Krombach, urk. *Crumbach* (281, 288). *Pǟ- səmich* Gosenbach, urk. *Gosinbach* (305). Heinz. pg. 66.

Nach *s* und *h* bleibt das *b* erhalten:
Mörrsbich Mudersbach (53). *Hęnsbich* Hengsbach, urk. *Hengisbach* (55). *Fir̥sbich* Feuersbach, urk. *Wurspach* (216). *Drubbich* Trupbach, urk. *Drupach* (pg. 207).

Ferner ist *b* erhalten nach *r* in *Burbich* Burbach, urk. *Burcbach* (4), während sonst nach Liquida es gewöhnlich zu *v* erweicht wird:
Birrich Burbach, urk. *Bürbach* (125). *Affrrich* Afholderbach, urk. *Affellerbach* (288). *Sęəlvich* Seelbach, urk. *Selebach* (55).

Das Suffix gewordene -*berg* erscheint im Sg. gewöhnlich als -*mr̥rich*, daneben -*r̥rich* und -*br̥rich*, mit Stimmvocal zwischen *r* und *ch*, der sich auch ahd. und mhd. sehr häufig einstellt, und dessen palataler Charakter durch das *ch* bestimmt wird; vgl. sg. *ärich* „arg" (s. pg. 17). Braune, ahd. Gr.² § 69. Weinhold, mhd. Gr.¹ § 38. Wir haben also:
Qalmr̥rich Kalmberg; *Lęənnəmr̥rich* Lindenberg; *Astəmr̥rich* Astenberg; *Męchlmr̥rich* Michelsberg (wohl fälschlich für Michelberg d. i. „grosser Berg"; *Sir̥rich* Siegberg; *Hęns-*

brrich Hengsberg; *Giərŝbrrich* Giersberg; *Kiɐlŝbrrich* Kindelsberg u. s. w.

-*dorf* erscheint als -*drf*:

Vɛnzdrf Wilnsdorf, urk. *Willandisdorf* (19, 22, 41), *Wielandestorf*
(32), *Willanstorph* (48); *Ôəvrŝdrf* Obersdorf; *Nëɐkrŝdrf* Nenkersdorf, urk. *Nenkersdorph* (125); *Fërndrf* Ferndorf, urk.
Verentrefh (97, 98, 99), *Verrentrap* (281) legen die Vermutung
nahe, dass hier nicht ursprünglich -*dorf* vorliegt.

-*feld*, älter-*felde*, erscheint heute gewöhnlich als -*fëəll*,
so in:

Îsrfëəll Eiserfeld, urk. *Ysernvelde* (66). In *Klaôrɐt* ist das *l*
des suffixalen -*feld* unter dem vereinigten Einfluss des *l*
des ersten Compositionselements und des schliessenden
Dentals zu *n* geworden, das dann auch Träger des Silbenvocals wurde. Urk. haben wir *Clahvelde* (3), das jeden
Zweifel an der Richtigkeit dieser Entwicklung ausschliesst.

Mehrsilbige Suffixe behalten gewöhnlich ihre Silbenzahl,
und nur die Endsilbe erleidet eine Schwächung:

Hɒlləqúsə Holdinghausen, urk. *Haldenghúsen* (3), *Hadinchúsen*
(72), *Holdinkúsin* (43); *Harzúsə* Herzhausen, urk. *Herrozhúsen*
(61), *Hirtshúsin* (78) *Hertzhúsen* (pg. 207); *Niɐkirchə* Neunkirchen, urk. *Nunkirchen* (55); *Hâmrhɛddə* Hammerhütte etc.

Vereinzelt sind jedoch auch zweisilbige Nominalsuffixe arg
verstümmelt, so in

Haôərŝə Haarhausen; *Bliddrŝə* Plittershagen, urk. *Blittershan*
(250); *Holzəsə* Holzhausen.

Der erste Bestandteil ist arg entstellt in *Hɛrmədeichə* Irmgarteichen, nach der heil. Irmgart benannt, urk. *Irmegartheichen*
(168), *Yrmegardechin* (173).

Die geographischen Namen ohne deutlich erkennbares
Nominalsuffix, die wir hier anschliessen wollen, obwohl sie
eigentlich nicht hierher gehören, sind meist Dative, welche in.
den Urkunden teils schwach auf -*en*, teils stark auf -*e* ausgehn,
heute aber im Volksmund dahin uniformirt sind, dass sie nach
Liquida auf -*n*, sonst auf -*ə* endigen. Wir haben also
Îsrn Eisern, urk. *Yseren* (56, 68); *Sëjjə* Siegen, urk. *Sige* (8),
Sygin (10, 16), *Seygen* (46, 51), *Siegen* (27), *Sygene* (120),
Segene (47) etc.; *Lɛtzln* Lützeln, urk. *Lutzeln* (320); *Mézə*
Müsen, urk. *Múzen* (132), latinisirt *Mutzhena* (3); *Ditzə* Deuz,

urk. *Dûze* (265), *Dutze* (pg. 207); *Šäldə* Schelden, urk. *Shelte* (43).

Ursprünglich hatten wohl alle diese Namen den Artikel, jetzt ist er nur noch selten erhalten, besonders dann, wenn nachträglich das Diminutiv des Namens eintrat. So *dət Räelchə* Rödgen, urk. *Rode* (229), *Rude* (pg. 206); *dət Häenchə* Hainchen, urk. *deme Hane* (130, 132, 167), *deme Hayne* (164), *der Han* (244). Ebenso haben wir den Artikel noch in *də Velðə* Wilden, *də Letzl̦* Lützel, *də Draisbə* Dreisbach, wo nicht die Endung *-bach* vorliegt, wie Heinz. pg. 103 glaubt, da auch urk. (pg. 207) *Drisphe* steht. vgl. Heinz. pg. 115.

Besonders interessant ist auch die Behandlung der Rufnamen. Ihrer Anwendung gemäss erhält hier immer eine Silbe, gewöhnlich die erste, wenigstens bei den männlichen Namen, einen ganz besonders starken Ictus. Je schwerer aber der auf diese Hauptsilbe fallende Accent ist, um so schwächer wird die andre oder werden die übrigen Silben betont. Wir finden daher nicht selten bei den Rufnamen Silben ganz spurlos verschwunden. cf. Steub: „Ueber dt. und bayr. Fam. Namen" pg. 13.

So haben wir denn an männlichen Namen
Velm Wilhelm; *Domməs* Thomas; *Jirj* Georg; *Hënnr* Heinrich; *Fridr* Friedrich; *Hannəs* Johannes; *Muddəs* Mathias.

Daneben erscheinen, zwar schon veraltet, aber doch immer noch in Anwendung, Formen dieser Namen, die auf deren lateinische Bezeichnung im Kalender zurückgehn müssen, denn sie zeigen am Schluss die freilich zu *-əs* herabgesunkene lat. Endung *-us*. Dieses *-us* hat aber bewirkt, dass nun nicht die erste sondern die zweite Silbe den Ictus erhielt. Es wurde daher nun die erste Silbe accentlos und ist meist gänzlich abgefallen. Es ergeben sich so von den genannten Namen ganz andre Formen. cf. Heinz. Wb. pg. 24. Wir haben:
Helməs Wilhelm; *Rickəs* Heinrich und Friedrich (Henricus — Fridericus); ferner *Mannəs* Hermann; *Hârdəs* Bernhard; *Qòrəs* Jacob; *Leps* Philipp.

Koseformen wie *Heinz*, *Kunz*, *Lutz*, welche Jac. Grimm in seiner Grammatik (²III, pg. 664 ff.) behandelt hat, sind sg.

nicht in Gebrauch, das einzige *Frçtz*, *Fritz* ist wohl entlehnt. (s. pg. 129).

In den weiblichen Vornamen hat der Umstand, dass sie als Feminina auf idg. *â*, germ. *ô*, mhd. *e* ausgingen, bewirkt, dass auch hier der Hauptaccent nicht auf die erste, sondern auf die der Endung vorangehende Silbe trat. Dadurch sind oft die eigentlichen Namen ganz abgefallen und nur die Suffixe erhalten, durch welche diese weiblichen von männlichen Namen abgeleitet waren. So in

Minə Wilhelmine; *Binə* Jakobine; *Dinə* (mit *d* für *dr* im An-laut, cf. *šank* pg. 14) Katharine; *Milə* Emilie; *Mrij* Marie; *Trutt* Gertrud; *Liss* Elise; *Lisbçl* Elisabet (daneben auch *Älz*); *Jânə* Johanna; *Nêəs* Agnes.

Die höchste Potenz der Verstümmlung ergibt sich in den zusammengesetzten Rufnamen, die uns der siegener Dialekt bietet. Regeln gibt es hier überhaupt nicht, nur muss fest-gestellt werden, dass als erste Elemente dieser Composita immer dieselben Namen wiederkehren. Es ist dies bei den männlichen Namen *Johann*, bei den weiblichen *Anna* oder *Marie*. Diese eigentümliche Erscheinung hat aber kein spruchliches Interesse und ist lediglich durch die Mode begründet, wie denn auch heute diese Namen, wenn sie auch noch recht häufig sind, doch schon mehr als archaistische Curiosa gelten. (vgl. „Riimcher uss'm Seejerland" [2] pg. 23).

Wir nennen von männlichen Namen:

Hannënnr Joh. Heinrich; *Hanvçlm* Joh. Wilhelm; *Hanjòəst* Joh. Jost; *Handomməs* Joh. Thomas; *Hanjirj* Joh. Georg.

Von weiblichen:

Ammi Anna Marie; *Anliss* Anna Elise; *Annəbçt* Anna Elisa-beth; *Amməgrêə* Anna Margarete; *Annəqatriə* Anna Katha-rine;

Millis, *Mrijəliss* Marie Elise; *Marjëlz* Marie Elisabeth; *Mimmr-grêə* Marie Margarete; *Midding* Marie Katharine; *Marjânə* Marie Johanna.

Apokope und Synkope.

Die Ab- resp. Ausstossung von Silben trifft im Allgemeinen nur ursprüngliche Nebensilben und war in mhd. Zeit hier obd.

häufiger als md. (Weinhold, mhd. Gr.¹ §§ 19, 30, 37; kl. mhd.
Gr.² § 15.) In einzelnen Fällen wurden jedoch schon in mhd.
Zeit auch (allerdings nebentonige) Silben des Stammes in Mit-
leidenschaft gezogen. Diese Fälle, welche in den Volksmundarten unserer Zeit natürlich noch viel häufiger geworden sind,
wollen wir hier betrachten, zunächst den Silbenausfall im
Auslaut.

Hier schwindet zunächst im Sg. -də; vorhergehender kurzer
Vocal ist gedehnt:

šá schade; grá grade; mê müde; hä̂ Heide; frä̂ Freude; hâl
Halde; biər Bürde.

In gəsęnn Gesinde ist das d dem n assimilirt; ebenso in
sęnn Sünde.

Auch mhd. -te nhd. -tte scheint im Sg. oft abgefallen zu
sein, z. B. in bé Bütte mhd. büte; šêγâṿl, eigtl. „Schüttegabel“,
eine hölzerne Gabel zum Auflockern des gedroschenen Strohs.
(Heinz. pg. 116; Vilm. 350; Schmidt 183); auch šä̂ Schatten
mhd. schate gehört wohl hierher, wenn es auch durch den Umlaut verdächtig wird. kéə Kette hatte im Mhd. noch das n
von lat. catena: kęten aus kętenc.

Ohne weiteres schwindet auch die Silbe -he im Auslaut:
mé Mühe; brê Brühe; šlêə Schlehe; hêə Höhe; nâo nahe; gâê
jähe (meist in der Bedeutung „steil“).

Ebenso wird -ne behandelt:
bé Bühne; fä̂ Fahne; šbä̂ê Späne, plur. zu šbâo; biər „Birne“
geht dagegen wohl auf mhd. bir zurück.

In zé „ziehen“ ward -he- jedenfalls zuerst synkopirt und
dann n abgestossen. blé blühen, bâê bähen, grä̂ê krähen, sâê
säen, welche ursprünglich j hatten, zeigen schon im Mhd. Synkopirung von -je-: blüen, baen, saen, kraen, haben aber natürlich noch das flexivische -n.

Im Praeteritum der schwachen Verben ist die Synkopirung
noch weiter gegangen als in der nhd. Schriftsprache. Vor allen
schwindet z. B. -de-: šâdə schadete; bâdə badete; auch bâêdə
betete; rèədə redete; hèdə hütete; šǫddə schüttete. Dieselbe
Erscheinung zeigt das Particip: gəšât; gəbä̂êt; gəhǫt; gəšǫtt.

-ye- wird in der Schriftsprache mit vorhergehendem a oder
e nicht selten in ai zusammengezogen. So in hain aus hagen,
maid aus mayet, getreide aus getręyede, eidehse aus ęgedehse.

118

In einigen germ. Dialekten findet nun Contraction dieses *ai* statt, so im Englischen, wo ja auch das alte *ai* contrahirt wurde. Auch der sg. Dialekt contrahirt dieses *ai* stets, der Contractionsvocal steht allerdings noch auf der ersten Stufe *ä̂*. Wir erhalten also (cf. Weinhold, mhd. Gr.¹ §§ 89, 94, 103): *nä̂l* Nagel, dazu *nälchɔ* Nelke, engl. *nail*. *mä̂t* Magd ahd. *magad*. Im Nhd. und auch schon im Mhd. ist das Wort in *meit, maid* und *maget, mayd* differenzirt.

Hierher gehört auch die schwache Praeteritalbildung *drä̂dɔ* zu mhd. *tragen*, welche sg. fast allein üblich ist, ferner die 2. Pers. Sing. Ind. *drä̂st*, sowie das unter den Compositis besprochene *drä̂ɤlin* „Tragbahre".

-*ege-* lag vor in:

flä̂l „Dreschflegel" ahd. *flẹgil*, engl. *flail*;

snä̂l „Schnecke", auch sonst nhd. dial. *Schnegel* (Kluge⁴ 311). mhd. *snẹgel*, engl. *snail*.

Folgte dem ausgefallenen -*ge-* ein flexivisches *n*, so hat dieser Nasal das *ä̂* zu dem geschlossenern *ä̂e* gewandelt. Die Contraction des *ai* muss also eingetreten sein, ehe das schliessende -*n* abfiel. Wir haben:

drä̂e tragen; *glä̂e* klagen; *sä̂e* sagen; *jä̂e* jagen; *rä̂e* Wagen; *hä̂e* „Hauberg", eigtl. „Hain" aus mhd. *hagen*, dazu *hä̂epòɔdɔ* „Hagebutte", dessen letzter Bestandteil, hier scheinbar an *pòɔdɔ* mhd. *pfötc* angelehnt, den Stamm von got. *baútan*, ahd. *pòzan* und die Gunastufe zu mhd. *butte* enthält, vgl. roman. Wörter wie frz. *bouton* Schade² 1, 81; Vilm. 160; ferner haben wir:

lä̂e legen; *fä̂e*, eigentl. fegen, „Korn von der Spreu sondern"; *gä̂e* gegen; *zɔgä̂e* „entgegen"; *rä̂e* Regen; *rä̂en* regnen; *gɔsä̂en* gesegnen.

Geht dem -*ge-* ein andrer Vocal als *a* und *e* voraus, so tritt die Synkope nicht ein:

blä̂ɔjɔ plagen; *rɔɔjɔ* wagen; *rɔɔj* Wage; *lẹjɔ* lügen mhd. *liegen*; *lẹj* Lüge; *lẹjjɔ* liegen mhd. *ligen*.

Im schriftspr. *schlagen* ist das *g* im Infinitiv falsche Analogiebildung. Hier stand urspr. *h*, das nach dem Vernerschen Gesetz (Braune. ahd. Gr.² §§ 100 ff.) mit *g* wechselte. Im Sg. haben wir die lautgesetzlichen Formen bewahrt, da das Part. zwar *gɔslä̂e* lautet, also Synkope hat, der Infinitiv aber als *slâ͡o* erscheint, das auf mhd. *slahen*, ahd. *slahan* lautgesetzlich beruht und Contraction zeigt wie auch ndl. *slaan*, agls. *sleán*. Daneben erscheint allerdings die falsche Bildung *slâê*, wenn auch seltener.

Ausfall des *-ge-* haben wir auch in *mǫrn* „morgen“, wo wir schon mhd. neben *morgene* ein *morne* vorfinden.

Nebensilben, welche in historischer Zeit nicht mehr als Stammsilben vorkommen.

Grösser als in den Nebensilben, welche in der Sprachgeschichte noch als Stammsilben nachweisbar sind, ist natürlich die Verschleifung der Vocale in denjenigen nebentonigen Silben, welche schon in altgerm. Zeit zu eigentlichen Nebensilben herabgesunken waren. Dies gilt allerdings nur absolut genommen, denn relativ ist die Schwächung der in historischer Zeit zu Nebensilben gewordenen Hauptsilben bedeutend grösser. Auch bei diesen eigentlichen Nebensilben sind die Volksmundarten im Allgemeinen der Schriftsprache in der Entwicklung voraus, doch zeigt sich in einigen Fällen die Volkssprache conservativer als das Gemeinhochdeutsche der Schrift, wie wir nachher im Einzelnen sehn werden. Im Ganzen darf constatirt werden, dass diese alten Nebensilben, wenn sie nicht ganz geschwunden sind, fast durchgängig das *ə* als Silbenvocal aufweisen.

Nach Vorgang von Weinhold (kl. mhd. Gr.² § 52) teilen wir die Nebensilben ein in flexivische, suffixale und praefixale, und es empfiehlt sich, sie in dieser Reihenfolge auch hier zu behandeln, wenn wir dann auch mit den lautlich ärmsten beginnen müssen.

Flexionen.

Die Flexionen haben von allen Nebensilben die geringste Lautfülle und sind heute auch in der Schriftsprache meist gänzlich geschwunden.

Beim Substantiv ist im Sg. die Verwirrung, welche zwischen der starken und der schwachen Flexion eingerissen ist, noch viel grösser als in der Schriftsprache. Im Sg. sind die Grenzen zwischen starker und schwacher Flexion häufig dadurch verwischt, dass das _ə_ der starken Endungen bald abgestossen, bald erhalten wurde, während das _-en_ der schwachen Substantiva nur nach Liquida als _-n_, sonst aber ebenfalls unter Abstossung des _n_ als _-ə_ erscheint. Dazu kommen die Lautabstossungen, welche wir als Apokope und Synkope oben behandelt haben.

Von Casussuffixen, deren die nhd. Schriftsprache wenigstens noch zwei, das _-s_ des starken Gen. Sing. und das _-n_ des Dat. Plur., aufweisen kann, ist im sg. Dialekt nichts geblieben. Wir haben daher überhaupt beim Substantiv nur zwei Formen, eine für die Einzahl und eine für die Mehrzahl, und auch diese sind häufig zu einer einzigen vereinigt.

Die Masculina zeigen nun im Sg. ungefähr dieselben Verhältnisse wie in der Schriftsprache. Abweichend vom Nhd. haben wir sg. die Endung bewahrt in _lŭẽmə_, _lāimə_ „Lehm" mhd. _leime_, ahd. _leimo_; _buśə_ „Bund Stroh" entspricht vielleicht dem neben gemmhd. _bůsch_ stehenden md. _pusche_ (Weinhold, mhd. Gr. ¹ § 431). Ganz unorganisch ist _-ə_ in _ȧrmə_ Arm ahd. _ar(a)m_, got. _arms_. Von alten _ja_-Stämmen hat _hirdə_ Hirt den alten Vocal bewahrt, während _kȧẽs_, _reiz_ ihn verloren haben; in der Schriftsprache ist es umgekehrt.

Die Feminina sind im Sing. im Sg. wie in der Schriftsprache durchweg stark flectirt. Abweichend von der Schriftsprache hat die sg. Mundart den Endungsvocal abgeworfen. So haben wir: _baŏər_ Bahre, _γaŏv_ Gabe, _hȧll_ Hölle, _sẽəl_ Seele, _surj_ Sorge, _śdęəmm_ Stimme, _raŏγ_ Wage, _fȧẽərś_ Ferse, _ȯər_ Ehre, _fȧre_ Farbe, ferner die urspr. schwachen Substantiva _nȧs_ Nase, _ris_ Weise (beide auch stark), _vȧs_ Base, _γall_ Galle, _zuv_ Zunge, _sonn_ Sonne, _śralv_ Schwalbe, (daneben die Neubildung _śralvr_), _vẽj_ Wiege. Wie in der Schriftsprache das alte masc. _slange_ ahd. _slango_, so trat im Sg. ausserdem noch ahd. _rabo_, mhd. _rabe_ zu den Femininis über: _ślav_ Schlange, _rȧv_ Rabe. Erhalten ist _-ə_ nur in den drei _ja_-Stämmen _γȧərdə_ Gerte ahd. _kęrtja_, ferner _grębbə_ Krippe ahd. _chripha_, sowie _bręckə_ ahd. _prucca_ aus *_brukkja_; endlich auch in _hęlfə_ Hilfe ahd. _hilfa_, _hęlfa_.

Bei den Neutris haben auch einige _i_-Stämme im Gegensatz zum Nhd. der Schriftsprache die Endung als _-ə_ bewahrt. Es sind

glęckə Glück mhd. *gelücke*;
šdęckə Stück mhd. *stücke*, ahd. *stucchi*;
gritzə Kreuz mhd. [*kriuz* und] *kriuze*, ahd. *chrûzi*:
bäddə Bett mhd. *bette*, ahd. *betti*;
gəręsdə Gerüst mhd. *gerüste*, ahd. *girusti*.

Daran schliessen sich noch:

harzə, hëərzə Herz mhd. *hërze*, ahd. *hërza*, got. *hairtô*, und *dẹəʋə* „Ding“, auch „Frauenzimmer“, ahd. *dinc*, wo *-ə* ganz unorganisch ist.

In *gəsęchdə* „Gesicht“ liegt die md. Nebenform *gesichte* (Schade [1] 1, 267) zu ahd. *gasiht* vor.

Beim Plural ist zunächst gegenüber der Schriftsprache eine kolossale Ausbreitung der urspr. neutr. Endung *-er* zu vermerken, welche sg. allerdings, mit einer einzigen Ausnahme (*bäesṃṇ* Besen), nur Neutra betroffen hat.

Wir nennen beispielsweise:

rọrtr Worte, *ënnr* Enden, *harzr* Herzen, *dẹəʋr* Dinge, *dıərr* Tiere, *märrchr* Mädchen, *gritzr* Kreuze, *šdęckr* Stücke, *bäddr* Betten, *hęmtr* Hemden.

Manchmal bleibt vor dem später angefügten flexivischen *-er* der Umlaut aus:

họrnr Hörner, *loχr* Löcher, *lammr* Lämmer, *lannr* (neben *lęnnr* s. pg. 14) Länder, *bannr* Bänder, *qalvr* Kälber, *rárr* Räder, *blârr* Blätter, *mártr* Märkte.

Andrerseits haben wir sg. *šdrichə* für Sträucher.

Wo die starke Declination sonst *e* hatte ist dies als *-ə* im Sg. erhalten. Wir haben *gäsdə* Gäste, *kênijə* Könige, *hirdə* Hirten (mhd. noch *hirte*), *gräfdə* Kräfte, *hälzə* Hälse, *haifə* Haufen (sg. sing. *hauf*, mhd. *houf*).

Dazu kommen die Plurale der schwachen Flexion, welche lautgesetzlich *n* abstossen, *ə* aber erhalten: *fânə* Fahnen, *ęrʋə* Erben, *zuʋə* Zungen, *äuɣə* Augen, *siddə* Seiten, ebenso *gloqqə* Glocken, *frauə* Frauen, *nâsə* Nasen, welche, urspr. schwach flectirt, seit dem 13. Jahrhundert zur starken Declination neigten. (Weinhold, kl. mhd. Gr. [2] § 165).

Starke Einbusse erlitt dieses *ə* durch Apokope: *sęnn* Sünden, *hënn* Hände, *honn* (daneben neuerdings umgelautetes *hęnn*) Hunde, *pâr, pâeər* Pferde, *hé* Hüte, *flëə* Flöhe, *ké* Kühe, *rëə* Rehe, *bâi* Beine, *dâj* Tage, *gráj* Kragen, endlich noch *gnê* Knie. Synkope haben wir noch in *vāēn* Wagen, *birn* Birnen, *dḗrn* Dornen. Der blosse Umlaut genügte als Pluralzeichen in *bāēm* Bäume, *pasdēər* Pastoren.

Unter Ausfall des Endungsvocals blieb das schliessende *n* der schwachen Plurale erhalten nach Liquiden. Zu diesen ursprünglich schwach flectirten Substantiven sind aber dann überhaupt fast alle auf Liquida ausgehenden Stämme übergetreten, die ihr *ə* im Nhd. der Schriftsprache meist abgeworfen haben. Wir haben also nicht nur γᾰv̥ļn Gabeln, *hêln* Höhlen, *faqqļn* Fackeln, *ŏərn* Ohren, *ftərrn* Vettern, *nᾰrn* Narben, nicht nur *šdrᾰ̈oln* Strahlen, *mᾰ̈ərn* Mauern, *dǫqtrn* Doktoren, sondern auch *šēïsļn*, eigtl. „Scheusale", sg. aber „Vogelscheuchen", *maizļn* Meissel, *kiln* Keile, *šdęvļn* Stiefel, *flᾰ̈ln* Flegel, *lᾰ̈ffļn* Löffel, *ëvļn* Engeln, *gərγrrn* Gewitter. Auch in den Nominibus agentis auf *-r* mhd. *-aere* beginnt das *-n* im Plural sich einzuschleichen, neben *bäckr* kommt ein Plural *bäckrn*, neben *miərr miərrn* auf. In andern Wörtern dieser Art ist *-n* schon völlig fest, so in *lēərrn*, *šnirrn*, *šustrn*. Nur sehr vereinzelte Substantiva haben sich dieser Formenübertragung entzogen wie *nᾰ̈l̥* Nägel, *mᾰ̈ntl̥* Mäntel, *pᾰ̈l̥* Pfähle.

Das Ziel dieser eigenartigen Behandlung der Plurale im Sg. ist offenbar, die schwache und die starke Form derart zu verteilen, dass die schwache Flexion den Stämmen auf *r* und *l*, die starke allen andern zukommt. Aehnliche schematisirende Triebe werden wir beim Verbum beobachten.

Bei den Adjectiven bemerken wir zunächst, dass die unflectirte Form einer Anzahl ehemaliger *ja*-Bildungen im Sg. im Gegensatz zur Schriftsprache das ahd. *-i*, mhd. *-e* als *-ə* bewahrt hat. Es sind im Wesentlichen:

richə „reich" mhd. *riche*, ahd. *rîhhi*;

fäsdə „fest" mhd. *veste*, ahd. *festi*;

lęchdə „leicht" mhd. *lichte*, ahd. *lîhti*. Das *i* der Stammsilbe muss hier sehr früh gekürzt worden sein, da sonst sg. **lichdə* stehn müsste;

sèzə „süss" mhd. *süeze*, ahd. *suozi*;

vésdə „wüst" mhd. *wüeste*, ahd. *wuosti*;

fęchdə „feucht" mhd. *viuhte*, ahd. *fiuhti*. Auch hier erklärt sich die Senkung des Stammsilbenvocals im Sg. aus sehr früher Kürzung desselben (s. *frẹnn* „Freunde" pg. 101);

dẹckə „dick" mhd. *dicke*, ahd. *dicchi*;

ëŋgə „genau", „sorgfältig" wie auch mhd. *enge*, ahd. *angi*, daneben *ëv* „eng";

dẹchtə „dicht" entspricht in der Stammsilbe schriftspr. nhd. *dicht*, in der Endung mhd. *dihte*. Auch hier muss in der Stammsilbe sehr früh Verkürzung eingetreten sein; vgl. auch nhd. dial. *deicht* (Kluge⁴ 53).

Andrerseits lautet ahd. *flucchi*, mhd. *vlücke*, nhd. *flügge* im Sg. *flẹck*.

In *gərârə* „gewahr" ahd. *giwar* und in *glichə* „gleich" ahd. *gilih*, engl. *like* ist -*ə* unorganisch neu angetreten.

Von den flectirten Formen des Adjectivs betrachten wir die schwache zuerst. Da hier *n* im Auslaut überall abfiel, *ə* aber in allen Casus erhalten blieb, ergibt sich für alle Fälle des Sing. wie des Plurals die Endung -*ə*: *dr blẹənnə mâ* „der blinde Mann", *dr graŋgə frau* „der kranken Frau", *də ârmə kẹənnr* „die armen Kinder".

Die starke Form stimmt im Wesentlichen mit den Verhältnissen der Schriftsprache überein. Im Nom. Sing. haben wir masc. -*r*, fem. -*ə*. Das Neutrum ist nach dem unbestimmten Artikel ohne Endung, sogar die oben aufgeführten *ja*-Stämme verlieren dabei ihr -*ə*. In anderer Stellung hat auch das neutrale starke Adjektiv seine Endung -*ət* bewahrt. Wir haben also *ŋ blẹənnr mâ* „ein blinder Mann", *ŋ graŋgə frau* „eine kranke Frau", *ə ârm kẹənt* „ein armes Kind", *ə dẹck bôχ* „ein dickes Buch", dagegen *vat fâᴐər ə kẹənt?* Antwort: *ə ârmət*, („was für ein Kind?" „ein armes"), ferner *dat bôχ ẹass dẹckə* „das Buch ist dick". Im Dat. Sing. ist, wie in der nhd. Schriftsprache, nach dem unbestimmten Artikel die schwache Flexion eingetreten: *ŋi blẹənnə mâ, r graŋgə frau, m ârmə kẹənt*. In den seltenen Fällen, wo die Dativform sonst erscheint, haben wir die regulären Endungen: masc. neutr. -*m*, fem. -*r*, also *fû glâim kẹənt off* „von Kind auf", *fâᴐər laṇr zitt* „vor langer Zeit". Der Acc. Sing. lautet gleichmässig für Masc. und Femin. auf -*ə* aus, während er beim Neutrum wie der Nominativ lautet. Im Plural endlich haben wir für alle Geschlechter und Casus die Endung -*ə*: *blẹənnə männr, graŋgə frau̯s, ârmə kẹənnr.*

Bei der Betrachtung der Verbalendungen gehn wir aus vom Infinitiv. Abgesehen von den Verben, welche Synkopirung erleiden und ihr schliessendes *n* ohne weiteres abwerfen, ist hier durch Beibehaltung oder Abstossung des flexivischen *n* und gleichzeitig durch consequentes Fallenlassen des Endungsvocals, wenn *n* blieb, Erhaltung desselben, wenn *n* abfiel, eine so starke und strenge Differenzirung der Formen eingetreten, dass man zwei völlig getrennte Typen vor sich zu haben glaubt. Unter Ausfall des Flexionsvocales bleibt nun -*n* erhalten nach *n* und den beiden Liquiden *l* und *r*: *nënn* „nennen", *šbęnn* „spinnen", *rǝnn* „rinnen", *faln* „fallen", *maln* „mahlen", *maöln* „malen", *vǫnn* „wollen" (aus *vǫln), *vêǝrn* „wehren", *šbarn* „sperren", *färn* „fahren".

Das *ǝ* blieb erhalten, während *n* abfiel, nach allen andern Consonanten, ausgenommen die Fälle, wo Synkope eintrat (s. o.): *laêvǝ* „leben", *griffǝ* „greifen", *hëǝlfǝ* „helfen", *dëǝrfǝ* „dürfen", *laufǝ* „laufen", *šbêjǝ* „speien", *lêjǝ* „lügen", *brëǝχǝ* „brechen", *valkǝ* „walken", *bêrǝ* „bieten", *raorǝ* „raten", *haizǝ* „heissen". *vǫzzǝ* „wissen", *flêchdǝ* „flechten", *hålǝ* „halten", *bęnnǝ* „binden", *fålǝ* „falten". *nëǝmmǝ* "nehmen", *qǫmmǝ* „kommen".

Im Praes. Ind. gelten im Sg. für die Flexionssilben im Allgemeinen dieselben Vocale wie in der Schriftsprache. Wir haben demnach Vocalschwund in der 2. und 3. Pers. Sing. und der 2. Pers. Plur., z. B. *dú nęmst* „du nimmst", *håe fêǝrt, iǝr hëǝlft*. Nur nach Muta + Dental bleibt der Vocal erhalten: *dú biršdǝst* „du bürstest", *iǝr flêchdǝt* „ihr flechtet". In der 1. und 3. Pers. Plur. haben wir, wie in der Schriftsprache, dieselben Formen wie im Infinitiv, also zwar *miǝr laêvǝ, si hëǝlfǝ*, aber *miǝr färn, miǝr vǫnn, si faln*, ferner auch *miǝr zê, si drâe*. Auffällig ist die 1. Pers. Sing. behandelt. Schon in mhd. Zeit sehn wir in allen hd. Gebieten, besonders aber im Md. und zwar wieder hervorragend in rip. Mundarten, hier bei allen Verben an das Endungs-*ǝ* ein *n* antreten, welches die schwachen Verba der 2. und 3. Klasse in den Endungen *-ón*, *-on*, *-êm*, *-en* schon im ahd. Zeit durchweg aufgenommen hatten. (Wülcker pg. 32. Weinhold, mhd. Gr. ¹ §§ 350, 378, ² § 367. Kl. mhd. Gr. ² § 115. Al. Gr. § 339. Bair. Gr. § 280.) Wir erblicken in dieser Erscheinung eine Reaction des Sprachbewusstseins zu gunsten der bindevocallosen Verbalbildung, der griech. Verben auf -*μι*, die

im Hd. in einigen Resten wie *ih him, tuon, gân, stân* erhalten
geblieben, sonst aber, wie in den meisten andern westidg.
Sprachen, gänzlich durch die Bildung mit Bindevocal (griech.
Verba auf *-ω*) ersetzt war, obwohl in idg. Zeit beide Formationen
gleichberechtigt nebeneinander gestanden haben müssen. Im
Volksmund muss diese Neubildung in mhd. Zeit eine sehr grosse
Verbreitung gehabt haben, anch sogar im Reim ist sie nicht selten.
(Weinhold, mhd. Gr. [1] § 350). Auch noch heute ist sie in verschiedenen rip. Mundarten, wie dem Bergischen und Saynischen, durchaus die Regel (Heinz. pg. 54 f.). Ebenso muss sie im Sg. früher
die Alleinherrschaft erlangt haben, denn wir sehn die erste Pers.
Sing. Ind. Praes. hier nicht nur genau so behandelt wie den
Infinitiv — also *-n* nach *n, l, r, -ə* nach den andern Consonanten
— sondern wir haben das *-n* auch bei den Verben, welche das
-ə bewahren, in dem Falle erhalten, wenn auf die Verbalform
ein enklitisches Pronomen mit vocalischem Anlaut folgt. Ebenso
ist es nach Heinz. in der westerwälder Mundart. *-ən* wird dabei selbstverständlich zu *-ŋ*. Wir haben also *ęch hálə* „ich
halte", aber *ęch fárn* „ich fahre", dagegen nicht nur *fárn ich?*
„fahre ich?", sondern auch *hálŋ ich?* „halte ich?", *ęch śríŋ
m* „ich schreibe ihm", *ęch dön ət* „ich tue es". Dass dieses
-n kein *n ἐφελχυστιχὸν* sei, lehrt, wie schon Heinz. pg. 55
zeigte, der Imperativ, der es nie aufweist: *dö ət* „tu es";
säͦ ət „sage es". Die einzige Ausnahme *ęch ręəll* „ich will"
zu Inf. *vonn*, 1. Pers. Pl. *miər vonn* erklärt sich aus dem
Wechsel zwischen hellem und dunklem Vocal in der Stammsilbe.

Der Conj. Praes. fehlt dem Sg.

Was das starke Praeteritum angeht, so hat der sg. Dialekt
auch hier meist den Lautstand des Nhd. der Schriftsprache.
Es ist also der Flexionsvocal geschwunden in der 2. Pers. Sing.:
holfst, hólst, lôʒst, fúərśt, śdólst etc. In der 1. und 3. Pers. Pl.
haben wir zwar ähnliche, aber doch nicht dieselben Verhältnisse wie in den entsprechenden Formen des Praesens und im
Infinitiv. Hier ist der Flexionsvocal nur nach *r* geschwunden;
wir haben daher zwar *fúərn, śvúərn*, (woneben auch *fúərə,
śvúərə* vorkommen), aber immer *fólə, śdólə, ronnə, śbonnə* wie
natürlich *hólə, holfə, rérə, náōmə, qáōmə*. Sg. st. *-ə* in diesen
Formen beruht wohl auf schriftspr. Einfluss. Auffälligerweise
haben alle starken Praeterita den Flexionsvocal als *-ə* bewahrt

in der 2. Pers. Pl., ja hier sogar, der bequemern Aussprache wegen, vor demselben ein *d* eingeschoben; z. B. *fiərdət, földət* (= „fühltet" und „fielet"), *holfdət, naōmdət, dróⱬdət* (neben *drǟdət*), *ɣaōvdət, hôvdət* u. s. w.

Der Conj. des starken Praeteritums unterscheidet sich von dem Ind. nur durch den Umlaut, die Flexionen sind dieselben.

Das schwache Praeteritum hat stets den Flexionsvocal bewahrt und nur schliessendes *n* abgestossen: *ɛch nandə, dū lūᷓrdəst, miər rârdədə, iər flêchdədət.*

Der Imp. ist in der 2. Pers. Sg. gewöhnlich auch bei schwachen Verben ohne Flexionsvocal. Derselbe hat sich als -*ə* nur erhalten nach Cons. + Dental: *réchdə dich* („betrage dich ordentlich"), *vârdə* „warte"; sonst *sćch* „suche", *fćl* „fühle", *dô*, neben *dé* mit auffallendem Umlaut, der sich wohl aus Anlehnung an die 1. schwache Conjugation erklärt. Die 2. Pers. Plur. Imp. lautet gleich der entsprechenden des Praesens.

Suffixe.

In den Suffixsilben, wo mhd. sogar noch lange Vocale nicht selten waren, herrscht heute im Sg. fast durchaus der irrationale Vocal resp. Nasalis oder Liquida sonans. Wir haben also *hɛrvəst* „Herbst", mhd. *herbest*; *mɛsdə* „Miststätte", frk. *misten* aus *mistina* (Kluge [4] 234); *hɛŋkl̥* „Küchlein" (s. pg. 72), *śɛ͡isl̥* „Vogelscheuche" (s. pg. 99); *bāesm̥* „Besen" mhd. *bёseme*; *färm̥*, daneben schon häufiger *farm* „Faden" mhd. *radem*; *brórr* „Bruder"; *säïr* „Geifer (s. pg. 87); *aōrņt* „Abend"; *doʊsņt* „tausend".

In mehrern Fällen hat der sg. Dialekt den Suffixvocal besser bewahrt als die Schriftsprache. Dahin gehören ausser *hɛrvəst* „Herbst" noch *bëïl̥* „Beil" mhd. *bihel*, ahd. *bihal*; *ë͡il̥* „Eule" mhd. *iuwel*, ahd. *üwila*; *lëjjʊnr* „Lügner" mhd. *lügenaere*, ahd. *lüginári*; sg. st. *Mɛddəvoχə* „Mittwoch", eis. *Mɛttvoχə*, mhd. *mittewoche*, ahd. *mittawёcha*.

Andrerseits sind im Sg. auch ganz schwere Suffixe auf die tiefste Vocalstufe herabgesunken. Dahin gehört vor allem das Nomina agentis bildende ahd. -*ári*, mhd. -*aere*, welches ja auch in der nhd. Schriftsprache als -*er*, in der Aussprache sogar als -*r* erscheint. Wir haben also sg. *bäckr̥, śnivr̥, lëᷓrr̥* etc. Der

Vocalstufe nach ganz verwandt ist das mhd. Adjectivsuffix
-*baere*, welches die nhd. Schriftsprache als -*bar* aufweist. Sg.
lautet es -*br̥*: *qossbr̥* „kostbar" mhd. *kostebaere*; *ẹərvr̥* „ehrbar"
mhd. *êrbaere*, das schon in sg. Urk. (187, 211) als *erbern* erscheint. Vereinzelt steht *ârvət* „Arbeit" mhd. *arebeit*.
Andre schwere Suffixe haben auch im Sg. ihren vollen
Vocal bewahrt, z. B. *lavgsam* „langsam", *ainr̥lái* „einerlei",
„gleichgültig", (dagegen *ái̯r̥lai* „gleicher Art").
Im Gegensatz zu vielen andern deutschen Volksmundarten
hat das Sg. den Suffixvocal bewahrt in der weiblichen Endung
-*in*, mhd. -*inne*. (Behaghel P. G. I, 3, pg. 574.) Wir haben *këchin*
„Köchin", *maistr̥rin* „Meisterin", *kënijin* „Königin".
Der irrationale Vocal erscheint als *i* vor palatalen Lauten.
Schon beim *i* beobachteten wir die Verwandtschaft dieses
Vocals mit *v*, dem palatalen Nasal, die auch sonst sich häufig
zeigt. (Weinhold, kl. mhd. Gr. ² § 52. Behaghel P. G. I, 3, pg. 572.)
Wir wundern uns also nicht, wenn die Abstracta bildende
Suffixsilbe nhd. -*ung*, mhd. *unge* als -*iv* im Sg. stets erscheint,
z. B. *rëəχniv* „Rechnung", *zïriv* „Zeitung", *bəklêəriv* „Beklei-
dung", *vôniv* „Wohnung". cf. Weinhold, mhd. Gr. ¹ § 259.
Von ausserordentlicher Beliebtheit ist im Sg. das Adjectivsuffix -*ich*. Es erscheint sehr oft an fertige Adjectiva neu
angehängt, wie in *vaqqr̥rich* „wach", eigtl. „wacker" mhd. *wacker*;
ëəlënnich „elend" mhd. *ellende*; *lêərich* „leer" mhd. *laere*; *bon-*
dich „bunt" mhd. *bunt*; *grisich* „greis" mhd. *gris*; *fr̥ëšmëəlkich*
„melk", mhd. *mëlc*. Das Suffix -*ich* dient ferner dazu, das offenbar unbeliebte Participialsuffix -*ent* zu ersetzen. Das geschieht
in (cf. Heinz. pg. 91): *glënzich* „glänzend, *naqqich* „nackend",
vôrich „wütend", *flërich* „flutend", *rȧ̈ōsich* „rasend", *glënich*, verstärkt *glënëndich* „glühend", *vôlich* „wühlend", *lȧ̈ërich* „lebend"
u. a. m. Die Endung -*ich* fällt sg. ab in *sêəlich* „selig" vor Ver-
wandtschaftsnamen z. B. *miv sêəl môr̥* „meine selige Mutter",
miv sêəl ȧ̈bə „mein seliger Grossvater" etc.
Wie schon in mhd. Zeit verliert heute im Sg. das Suffix
-*iš* sehr häufig seinen Vocal (cf. Weinhold, kl. mhd. Gr. ² § 52).
Das zeigen *äbš* „verkehrt" (s. pg. 13), *hebš* „hübsch", *ditš*
„deutsch", *rälš* „welsch", ferner *kenš* „kindisch", (*kenšə* „kindisch werden", von alten Leuten gesagt), *ëəbelš* „eingebildet".
Auch das Masculinsuffix ahd. -*uh* erscheint sg. ohne Vocal:

abch „Hanswurst" (s. *abš*), *habch* „gieriger Mensch" von der
Wurzel *hab-* „haben", *fulch* „fauler Kerl" von *full* „faul",
šdubch „kleiner Mensch" zu *šdubb* „stumpf" u. s. w. vgl. Weinhold, mhd Gr. [1] § 261.

Erwähnung verdienen noch einige Nominalsuffixe des
siegenschen Dialekts, welche in der Schriftsprache nicht oder
doch in anderer Verwendung erscheinen. Hierher gehört zunächst das Masculin-Suffix *-əz*, welches mit dem bei den Eigennamen besprochenen lat. *-us* des Kalendernamens nichts zu
tun hat (Heinz. Wb. pg. 23 f.), dagegen wohl identisch ist mit
der Endung, die von Eigennamen Koseformen bildet, wie sie in
ahd. *Iuzo, Uozo* etc., in nhd. *Fritz, Heinz, Kunz* vorliegen.
(Grimm, dt. Gr. [2] III, 664 ff.; Weinhold, mhd. Gr. § 248; Kluge,
nom. Stbildl. § 60; Vilmar, dt. Namenbüchlein [3] pg. 10; Steub:
„Ueber dt. und zunächst bayr. Familiennamen" pg. 15; Stark:
„Kosenamen der Germ." pg. 57, 63, 75 ff.). Die älteste historische
Form des Suffixes haben wir in *-izo* der ahd. Namen *Hugizo,
Sigizo* u. s. w. In den spätern Formen *Sizo, Frizo, Huzo* u. ä.
ist das *i* durch Synkope entfernt; als letzte Spur desselben
zeigt sich zuweilen Umlaut, wie in *Götz* zu *Gottfrid*. Im Sg.
behielt dieses *-izo* sein *i* bei, warf jedoch den schliessenden
Vocal ab, worauf *z* im Auslaut sich zu *z* sibilirte, eine Erscheinung, die ja sowohl md. wie obd. nicht ungewöhnlich ist
(Weinhold, mhd. Gr. [1] §§ 186 ff.); vgl. sg. *baiaz* „Bajazzo", „Hanswurst". Das *i* sank dann zu *ə* herab, doch zeugt der im Sg. ziemlich häufige Umlaut von seinem längern Leben. Ausserdem wurde
das Suffix im Sg. von den Eigennamen auf die Gattungsnamen
übertragen, wie ja auch z. B. die Suffixe *-bold, -ulf, -hart, -rih*,
welche ursprünglich den Eigennamen gehörten, häufig von Appella-
tiven übernommen wurden. Auch das so gewöhnliche dimin.
Suffix *-ilo* gehört ja eigentlich dem Nomen proprium an. (Kluge,
nom. Stbildl. §§ 32, 56). Natürlich erfährt bei dieser Uebertragung auch die Bedeutung eine kleine Verschiebung. Jenen
Koseformen ist von Anfang an ein Beigeschmack des Spöttischen
eigen, der in einigen der oben genannten Eigennamen auch
heute noch mehr oder weniger von uns empfunden wird, und
diese Bedeutung, mit dem Nebensinn des Tadelnswerten versehen, ist der Grundbegriff des Suffixes *-əz* im Sg. Charakte-

ristisch ist dabei, dass die Bildungen auf -əʒ immer nur mit kleinen geistigen oder körperlichen Schwächen und Fehlern, nie aber mit schweren Lastern oder Gebrechen behaftete Menschen bezeichnen, dass sie also immer etwas Gemütliches behalten, das der alten Koseform nahe bleibt. Immerhin scheint die tadelnde Bedeutung sich doch so scharf ausgeprägt zu haben, dass man die Endung in ihrer alten Function bei Eigennamen nicht mehr als verwendbar erachtete. Daher fehlen bis auf das wohl nachträglich importirte *Fritz, Frętz* diese Koseformen, wie schon oben (pg. 115 f.) erwähnt wurde, dem Sg. gänzlich. Sehr gefördert wurde die Uebertragung des Suffixes von Eigennamen auf Appellativnamen und Ausstattung desselben mit jenem spöttisch tadelnden Sinn auch besonders dadurch, dass die Volkssprache, in ihrem Streben nach concreten Bildern, sehr oft die Eigennamen selbst in ähnlicher Weise verwandte, worauf schon Heinz. (Wb. pg. 24) hingewiesen hat. Er citirt dort u. a. sg. *grôəzhanz* „Grosshans", „Prahler"; *luχbaldəs* „Lügner" (*Baldəs = Sebaldus*, hier vielleicht an -*bold* angelehnt); *suffbästchə* „Saufaus" (*Bästchə* = Dimin. von Sebastian). Andre Eigennamen sind ohne weiteres zu Gattungsnamen der bezeichneten Art geworden, haben dann allerdings, da ja der determinirende Appellativbegriff fehlt, eine etwas vage Bedeutung. So lässt sich beispielsweise der Sinn von *dinnəs* (= Martinus sg. *Mardinnəs*) kaum definiren, *binəs* (= Crispinus) bezeichnet etwa „einfältiger Mensch". Vielleicht lehnte man die Bedeutung dieser Nomina an hervorstechende Charactereigentümlichkeiten von allgemein bekannten Trägern dieser Namen — hier vielleicht des hl. Martin, des Schutzpatrons der Stadt Siegen, und des sicher ebenso allgemein bekannten hl. Crispinus — an. Ebenso konnte z. B. *dommɔz* „dummer Mensch" sehr leicht an Thomas sg. *Dommɔs* angeschlossen werden. In *rabollɔz* „wüster Mensch" (Heinz. Wb. pg. 23) liegt vielleicht das im Mhd. zu einer Art Eigennamen gewordene *Roubolt* (Schade ² II, 725) in verstümmelter Form vor, das wir vielleicht auch in dem kölnischen *Rabau* vor uns haben. Zu nennen ist auch noch *drickez*, köln. = Henricus, sg. etwa „dummer Mensch". Die alte Bedeutung der Koseform ist noch bewahrt im sg. *šnuqqɔz*, das neben „Leckermaul" noch häufiger „Liebling" bezeichnet. Der Stamm ist der von sg. *šnuqqɔ* „schlecken", *šnuqqln* „saugen", ww.

schnauken, das auf eine Wurzel *snūq-* zurückgeht, welche, durch
Dentalismus des *q* modificirt, auch vorliegt in nhd. dial.
schnaussen, mhd. *snūzen* (Kluge [4] 311); vgl. auch den sg.
Familiennamen *Schnutz*. Koseform ist auch offenbar die Bildung *männəz* zu mhd. *man*, das männliche Seitenstück zur
Puppe bezeichnend. In den meisten Bildungen überwiegt die
tadelnde Bedeutung z. B. in *mäckəz* (s. pg. 21 f); *lälləz* „Schwätzer"
zu *läln* mhd. *lallen*; *švalkəz* „Faulpelz, der sich reckt und
streckt", verwandt mit mhd. *swalch*; *bläekəz* „Schreihals" zu
bläekə „schreien" nhd. *blöken*; *sláqəz* „langer Mensch", abgeleitet von der unnasalirten Wurzel von nhd. *schlank*, md.
slanc „mager", die vorliegt in as. *slak*, ahd. *slack* „locker"
(Schade [2] II, 818); *šdambəz* „kurzer dicker Mensch" von ahd.
stamph „Klotz" (Schade [2] II, 863), cf. sg. *šdambəzqôχə* „Kuchen
aus gestampften Kartoffeln"; *dabbəz* „ungeschickter Mensch"
zu mhd. *tappe* (Kluge [4] 351); *labbəz* „läppischer Mensch" zu mhd.
lape, lappe, von demselben Stamm mit Nasalirung und Umlaut
in derselben Bedeutung *lëmbəz*; *daôqəz* „ungeschickter Mensch"
von mhd. *tocke*, ahd. *toccha* „Klotz" (Schade [2] II, 944); *šaôqəz*
„Mensch mit ungeschicktem Gang" zu sg. *šáqə* (s. pg. 15), as.
scacan, an. *skaga* die Hochstufe enthaltend (Schade [2] II, 773);
gnolləz „Grobian" gehört wohl zu nhd. *Knolle*; *dęlləz, dölləz*
„dummer Mensch" zu mhd. *tol*; *γaôqəz* „langer ungeschlachter
Mensch" enthält vielleicht die Hochstufe zu ahd. *kak* „Pranger",
„Pfahl" (Schade [2] I, 468). In *jilləz* „schielender Mensch", gewöhnlich *šaelr jilləz*, ist wohl anlautendes *sch* vor *i* zu *j* erweicht,
so dass es sich zu mhd. *schilen, schilhen* stellt, vgl. dazu sg.
jickln, neben *šibbln* Iterativbildung zu mhd. *schicken*, Wurzel
skiq-. Unklar bleiben *dilkəz, dülkəz* „ungeschlachter Mensch",
bambəz „dummer Mensch". Durch falsche volksmässige Etymo-
logie sind unter diese Bildungen geraten *dri`əz* „einfältiger
Mensch", urspr. = „Dreifuss" (s. pg. 109); *hosbəz* „gutmütig
dummer Mensch", wahrscheinlich das lat. *hospes*.

Auch ein eigentümliches weibliches Suffix ist hier zu besprechen, das heute in der Form *-zə* im siegerländer Dialekt
auftritt. Da es nur an dental ausgehende Stämme antritt,
könnte auch *-sə* die richtige Form des Suffixes sein. Doch
ist zunächst sicher, dass das Suffix mit dem in mhd. Zeit im
Andl. und auch im angrenzenden Ripuarien so beliebten Fe-

mininsuffix -*esse*, -*se* nichts gemein hat. (Weinhold, mhd. Gr.[1]
§ 249. [2]§ 267. Grimm, dt. Gr.[2] III. 340. Kluge, nom. Stbildl.
§ 47). Diese Endung, für welche man roman. Ursprung an-
nimmt, erscheint, besonders häufig an männliche Nomina agentis auf -*r* angehängt, heute wie schon in den sg. Urkunden
stets als -*šə*, z. B. *pasdéəršə* „Frau Pastor", *Grimmšə* „Frau des
Grimm", urk. *priorsche* (sg. Urk. 248). Betrachten wir zunächst
das Vorkommen des Suffixes -*zə*. *grǫtzə* „kleines Kind" ist
wohl abgeleitet vom St. *grut-*, der in ahd. *gruzi*, verstärkt
auch in mhd. *grŭz* vorliegt. (Schade[2] I, 356). Ebenfalls tadelnd
ist sg. *fǫtzə* „kleines Mädchen", abgeleitet von mhd. *rut* „cunnus".
Wenn *fǫtzə* sonst nhd. dial. selbst „cunnus" bezeichnet, so liegt
darin eine Anwendung des suff. -*zə* vor, die der des männlichen -*əz* in sg. *hibbəz* (s. pg. 64) durchaus parallel ist. *šdrǫnzə*
„Kind, das sich umhertreibt", es kommt auch thür. vor als
strunze „lottrige, herumlungernde Weibsperson" (Schade[2] II,
884). Es stellt sich zu mhd. *strumpf*, das sg. zwar selbst
fehlt, doch in *šdrǫmbə* „im Wasser waten" zu grunde liegt.
Germ. Wurzel ist *strunq-*, wozu auch mhd. *strunze* „Stumpf",
md. *strunc*, sg. *šdrǫnk* „Stengelstumpf" gehören. (Schade[2] II, 881).
Alle diese Bildungen mit -*zə* haben etwas Diminuirendes, da sie
immer Kinder bezeichnen; zugleich aber sind sie stets Schelt-
wörter. Sie berühren sich demnach stark mit den masculinen
Bildungen auf -*əz*. Es wird also auch hier ein Koseformen
bildendes Suffix zu grunde liegen, und zwar dürfte es das dem
masc. -*izo* entsprechende fem. -*izá* sein, welches wir in ahd.
Imiza, Mazza, Kunza, Tinza haben. (Grimm, dt. Gr.[2] III, 667 ff.
Weinh., mhd. Gr.[1] § 248). Der Endungsvocal blieb hier wegen
seiner Länge erhalten, während *i* ausfiel, so das -*zə* entstand.
Dieses Suffix ist auch wohl sonst im Hd. vorhanden, und zeigt
sich bei einigen Wörtern, bei welchen die Anwendung der
Koseform leicht erklärlich ist. Dahin gehört *metze* „meretrix",
das ich als Verkürzung aus *métze* erkläre, und zu ahd. *miata*,
méta, as. *méda* stelle. Aus der Bedeutung „Mietmädchen" erklären sich die verschiedenen Verwendungen sehr leicht (anders
Kluge[4] 232). *kotze* in derselben Bedeutung gehört wohl zu
und. *kote*, nd. *kot* „Hütte", wie mhd. *kebse* zu ahd. *kubisi* gestellt
worden ist. Ob auch das letzte Wort hierhergehört, ist, da
Uebergang von *z* zu *s* anzunehmen wäre, zweifelhaft; ebenso

ist es mit mhd. *nixe*. *Hexe* gehört wohl sicher nicht hierher. Dagegen haben wir das *-zə* vielleicht noch in einigen Tiernamen, z. B. *katzə* zu dem engl. *cat*, agls. *catt* und dem masc. nhd. *Kater*; *ratzə* zu dem masc. *rato* u. s. w.

Ein dem Nhd. fremdes, dagegen auch sonst im Md. (Regel pg. 71) vorkommendes Suffix ist das weibliche Abstracta bildende sg. *-də*; vgl. Heinz. pg. 118. Mit demselben sind bis auf wenige Ausnahmen (z. B. *källə* „Kälte") heute im Sg. alle Bildungen auf ahd. *-ī* versehen, z. B. *défilə* „Tiefe", *dęckdə* „Dicke", *gréəzdə* „Grösse", *héjdə* „Höhe", dagegen *héə*, *hê* „Anhöhe" (s. pg. 90), *hętzdə* „Hitze", *nätzdə* „Nässe", *šǽmdə* „Scham", *vidе* „Weite" (ahd. *wîtî* wäre zu **virə* geworden) u. s. f.

Sehr häufig finden wir im Sg. an das Geschlechtswörter bildende Masculinsuffix *-r* die Endung *-ich* angehängt, deren grosse Beliebtheit schon oben (pg. 127) bemerkt wurde. Wir erhalten so zwei Suffixe wie scheinbar auch in nhd. *Enterich, Gänserich*. (Kluge⁴ 71). Sg. haben wir *gänsrrich* „Gänserich", *dīvrrich* „Tauber", *qárrrich* „Kater". Diese Bildungsweise wurde dann auch auf andre Wörter mit Suffix *-r* übertragen, so auf *gráēzrrich* „Krakehler" zu *gráēzə*, *dǫmmrrich* „Dummkopf", *šéəbbrrich* „schiefer Kerl" u. a. m.

Praefixe.

Unter den Praefixen betrachten wir zunächst diejenigen, welche noch als ursprüngliche Praepositionen resp. Adverbien erkennbar sind, meist auch noch als solche für sich bestehn. Diese Praefixe haben im Sg. ebenso wie in der nhd. Schriftsprache ihre ursprüngliche Form bewahrt. Wir haben also *áfsiddə* „Abseite", d. i. die Seite, welche in der kalten Jahreszeit die Sonne nicht bescheint, also die nördlichen Abhänge der Berge; *áfaŋk* „Anfang"; *dúərmaxə* „durchmachen", „erleben"; *fúꞷərhaŋk* „Vorhang"; *fúꞷərvętz* „Fürwitz"; *hęᴐnnryꞷô* „hintergehn"; *éəfall* „Einfall"; *bęᴐtmörr* „Mitmutter" bezeichnet die gemeinsamen Mütter zweier Verlobten, cf. Heinz. Wb. pg. 20; *bisꞷozə* „Beisasse", „Mieter"; *naꞷômaxə* „nachmachen"; *nêrryꞷô* „niedergehn"; *offzê* „aufziehn"; *ęmmyꞷô* „umgehn"; *uzzᴐx* „Auszug", „Schublade".

Das mhd. Praefix *â-*, sg. *ꞷô-* ist im Allgemeinen selten.

Verkürzt liegt es vor in *ǫmmich* „Ohnmacht", nur gebräuchlich
in der Redensart *ǫn ǫmmich faln* „in Ohnmacht fallen". In
einer seltenen Bedeutung haben wir das *á-* in dem echt sg.
Wort *āōmʒz,* welches das Butterbrot bezeichnet, das der siegerländer Bergmann mit sich zur Grube nimmt. Heinz. (pg. 66)
bringt dieses Wort nach Schütz I, 28 zusammen mit hess. *immes*
(Vilm. 184) und siebenbg. *ämmes* (Frommann v, 364) und führt
sie gemeinsam auf mhd. *imbiz, ambiz* zurück. Für die übrigen
Wörter mag diese Ableitung richtig sein, für sg. *āōmʒz* sicher
nicht. Steht derselben auch von seiten des Consonantismus nichts
im wege, so hätte doch das anlautende *an-* zu *á-* nie zu *aō-*
werden müssen. Auch bemerkte schon Heinz., dass das sg.
Wort gegenüber dem masc. *immes, ämmes* allein Neutrum ist.
Ausserdem ist *anbiz* im Mhd. gegenüber *imbiz* so selten, dass nur
ein merkwürdiger Zufall den siegerländer Bergmann veranlasst
haben könnte, eines seiner alltäglichen Lebensbedürfnisse mit
einem so seltenen, so gesuchten und zudem so feinen Namen
zu belegen. Wir haben daher wohl die Bildung *āōmʒz* anders
aufzufassen. Zweiter Bestandteil der Composition ist wohl das
wie *āōmʒz* ebenfalls neutrale ahd. mhd. *maʒ* „Speise" (Schade ²
I, 597), das auf got. *mats* zurückgeht. Dass dieses Wort im
Sg. wenigstens nicht unbekannt gewesen ist, lehrt das oben
(pg. 15) behandelte adj. *máʒ.* Bedenken erregt nur der Umstand, dass das Wort auch westf. als *āmes* erscheint (Wöste,
westf. Wb. pg. 6), wo man doch im Auslaut unverschobenes *t*
erwartet. Hier kann aber das asächs. *môs*, unser *Mus* zu grunde
liegen, das ja nahe verwandt ist. (Kluge ¹ 240). Jedenfalls ist
die Erklärung Wöstes sehr gewagt. Bleiben wir bei *maʒ*, so
ist der erste Teil des Wortes das praefixale *á-*, das hier dieselbe nicht privative sondern nur schwächende Bedeutung hat,
wie in mhd. *ámát* „Nachmaht", nhd. *Ohmet* (Schade ² I, 10;
Kluge ¹ 252). *āōmʒz* ist also „Nachmahlzeit", „Zwischenmahlzeit".
    Diesem *á-* ist sehr nahe verwandt das Praefix *un-*, welches
sg. *ó-* lautet. Wir haben es in seiner gewöhnlichen privativen
Bedeutung in *óglçck(ə)* „Unglück", *ódʒχt* „ungezogener Bengel"
(s. pg. 48), *ókrutt* „Unkraut", *ólit* „unleidlicher Mensch". Vor
Vocalen behält *un-* sein *n*: *ónárt* „Unart", *ónāēvʒ* „uneben",
„unzugänglich". von Personen. Wie das *á-* hat aber auch das
un- zuweilen nur abschwächenden Charakter. In diesem Sinn

haben wir es in sg. *ôhirdɔ* „Unterhirte", „Gehilfe des Hirten", ähnlich in *ôslaôf* „Mittagsschläfchen". Schon Heinz. (pg. 57) brachte dazu das mhd. *ungenôz* „Genosse geringern Standes" bei (cf. Benecke II*, 397. Grimm, dt. Gr.² II, 775. Schade² II, 1030). Aehnliche Bildungen mit diesem Sinn sind mhd. *unvasel* „schlechte Frucht" (Schade² II, 1015), *unholz* „Holzabfall" (Schade³ II, 1036). Auch der im Obd. besonders beliebte Begriff des Uebermasses (Weinhold, mhd. Gr.¹ § 276) ist dem *un-* im Sg. nicht fremd. Hier haben wir *ômassɔ* „Unmasse", und ähnliche Bildungen.

Auch die nicht mehr als ursprünglich selbständig empfundenen Praefixe haben im Ganzen im Sg., wie auch sonst, ihre Vocale besser erhalten als die andern Nebensilben. Dies hat wohl seinen Grund in der Stellung im Anlaut; die Praefixvocale sind aber gerade dann wieder besonders fest, wenn sie selbst anlautend stehn. Am besten haben die untrennbaren Praefixe alter Nominalbildungen ihre Vocale bewahrt. Diese tragen ursprünglich den Hochton (Weinhold, kl. mhd. Gr. § 53), daher erscheinen die Vocale oft wie die Stammsilbenvocale unversehrt. Wir haben *urdail* „Urteil", *úɔršbroɔk* „Ursprung", *antvɔrt* „Antwort" etc. Andre Praefixe freilich haben, wie auch in der nhd. Schriftsprache, ja z. T. schon im Mhd., ihre Vocale geschwächt. Dahin gehört *ëmpfaŋk* „Empfang", mhd. *antfanc*; *gɔrëɔχ* „Geschicklichkeit", mhd. schon *gerëch*, ahd. aber *garëch* u. a. m. Diese Schwächung ist die Folge veränderter Accentuirung.

Die Praefixe vor Verben und secundären Substantivbildungen war von Anfang an tonlos und sind daher viel mehr verschliffen worden. Immerhin haben auch sie noch grössere Vocalfülle als die andern Affixsilben; herrschende Vocalstufe ist zwar das irrationale *ɔ*, nicht selten aber haben sich ganz besonders anlautende Praefixvocale als *ë-* erhalten. Wir haben *ëntlaôzɔ* „entlassen", *ërlauvɔ* neben *rlaubnis*, aber *bɔdirɔ* „bedeuten", *gɔraôrɔ* „geraten", *frglaê* „verklagen", *zɔbrëɔχɔ* „zerbrechen", entspr. ahd. *zaprëhhan*, mhd. *zebrëchen*.

Das ahd. *ga-* mhd. *ge-* sg. *gɔ-* wird im Sg. häufig Verben praefigirt, um, meist in Verbindung mit dem Hilfsverbum *gɔnn* „können", doch auch ohne dasselbe, die Ausführbarkeit, die

Möglichkeit der Vollendung der Verbalhandlung zu bezeichnen; z. B. ꞓch qấ nꬴt gǝlãꞓvǝ „ich kann nicht leben". ꞓch gǝdrãꞓ di last nꬴt „ich kann die Last nicht tragen", ꞓch gǝhéǝrǝ honnꬴt pont „ich kann 100 Pfund heben" u. ä. So haben wir ferner gǝdúõ „tun können", gǝbann „Jmd. im Ringen überlegen sein", (gehört vielleicht zu mhd. baneken „sich durch Leibesübung erlustigen", Schade ² I, 39), gǝdéjǝ „fortstossen können", gǝzé „ziehn können", gǝlãꞓǝrn „lernen können" u. v. m. Man könnte diese Bedeutung des Praefixes gǝ- als vom Part. Perf. mit der Motivirung übertragen ansehn, dass man eine Handlung, die man einmal ausgeführt hat, bei Gelegenheit immer wieder ausführen könne. Gegen diese Auffassung spricht aber der Umstand, dass im Sg. nicht das Praefix gǝ- Träger der Bedeutung der vollendeten Handlung sein kann, gilt es doch nicht einmal als integrirender Bestandteil des Part. Perf. Wir haben nämlich im sg. Dialekt eine ganze Anzahl von Part. ohne gǝ-. Es sind: vúǝrn „geworden", vgl. nhd. worden in der Passivumschreibung; blévǝ „geblieben", das ursprünglich Compositum war; grãéjǝ „gekriegt", das sg. wie auch sonst md. stark flectirt (Kluge ⁴ 190), in der Bedeutung „bekommen" sich mit ndl. krijgen berührend; qommǝ „gekommen", cf. mhd. komen, md. kumen (Weinhold, kl. mhd. Gr. ² § 103); fonnǝ „gefunden", urk. funden (28); brãõχt „gebracht" (Heinz. pg. 84); droffǝ „getroffen"; sg. st. auch γanǝ „gegangen", auf dem Land gǝyanǝ, mhd. gangen und gãn neben gegãn. (Weinhold, mhd. Gr. ¹ § 357; kl. mhd. Gr. ² § 108). In géǝzzǝ „gegessen", wo nur der Vocal ausgefallen war, betrachtete man das g wie in nhd. gegessen als wurzelhaft und bildete danach von seinem Compositum fréǝzzǝ, das man sicher nicht mehr als solches auffasste, das Part. fréǝzzǝ „gefressen". Müssen wir so die Uebertragung des gǝ- vom Part. Perf. aus auf das übrige Verbum in Zweifel ziehn, so werden wir vielmehr diese Function des Praefixes gǝ- als eine sehr altertümliche Erscheinung ansehn, welche der ursprünglichen Bedeutung des Affixes, die nach Tobler (Kuhn's Ztsr. XIV, 131 ff.) die „der Vollendung der Handlung in sich selbst" ist, wenn nicht gleich kommt, so doch sehr nahe steht. Ziehn wir, da doch Verba mit ge- auch im Sg. vorzüglich in Verbindung mit qonn „können" vorkommen, von den in Kuhn's Zts. XII, pg. 321 ff. u. 333 f. von Martens beigebrachten Belegen

nur die in Betracht, welche die mit *ge-* gebildeten Verben mit
dem Hilfszeitwort *mugan* verbunden aufweisen, so sehn wir,
dass hier die Bedeutung des *ga-* im Sg. sich völlig deckt mit
dessen Gebrauch im Ahd. Hat z. B. in dem aus Muspilli von
Martens angeführten *daz ist allaz so pald, daz imo nioman
kipagan ni mag* nicht *kipagan* ganz den Sinn des oben angeführten sg. *gabann?* Ebenso ist es mit den andern Beispielen.
Sollte diese Bedeutung, die der Möglichkeit der Vollendung
der Verbalhandlung, nicht die ursprünglich dem Praefix *ga-*
zukommende sein? Dass ein Praefix mit solcher Bedeutung
dem Part. Perf. zugesellt werden konnte, ist in keiner Weise
auffallend und hat ein Analogon daran, dass die griech. Endung -τος des die Möglichkeit ausdrückenden Verbaladjectivs
im Lateinischen zur Bildung des Part. Perf. Pass. benutzt wurde.

Verzeichnis

der benutzten Bücher und Schriften nebst Angabe der gebrauchten Abkürzungen.

I. Lexicographische Werke.

Kluge: Etymologisches Wörterbnch der deutschen Sprache. 4. Auflage. Strassburg 1889. (Kluge [4]).

Schade: Altdeutsches Wörterbuch. 2. Aufl. Halle 1872—1882. (Schade [2]).

Frisch: Teutsch-lateinisches Wörterbuch. 2 Teile. Berlin 1741.

Weigand: Deutsches Wörterbuch. 2 Bände. 2. Aufl. Giessen 1873. 1876.

Diez: Etymologisches Wörterbuch der roman. Sprachen. 2 Teile. 3. Aufl. Bonn 1869/70.

Graff: Ahd. Sprachschatz. 6 Bände. Berlin 1834—42.

Schmeller: Bair. Wörterbuch. 4 Bände. Stuttgart und Tübingen 1827—37. (Schmeller).

Vilmar: Idiotikon von Kurhessen. 1868. (Vilm.).

Bech: Beiträge zu Vilmars Idiotikon. Programm des Zeitzer Stiftsgymnasiums 1868. (Bech).

Schmidt: Westerwäldisches Idiotikon. Hadamar und Herborn 1800. (Schmidt).

Wöste: Westf. Wörterbuch. Norden und Leipzig 1882.

Weinhold: Beiträge zu einem schlesischen Wörterbuch. Sitzungsberichte der Wiener Akademie. Bde. 14. u. 16.

Heinzerling: Probe eines Wörterbuchs der siegerländer Mundart. Beilage zum LIV. Programm des Realgymnasiums in Siegen. (Heinz. Wb.).

II. Grammatische Schriften.

Brugmann: Grundriss der vergleichenden Grammatik der idg. Sprachen. Strassburg 1886.

138

Johs. Schmidt: Die Verwandtschaftsverhältnisse der idg. Sprachen. Weimar 1872.

Paul: Grundriss der germ. Philologie. Strassburg 1890 (P. G.).
Die hauptsächlich benutzten Abschnitte sind:
Kluge: Vorgeschichte der altgerm. Dialekte I, 300 ff.
Sievers: Phonetik I, 266 ff.
Behaghel: Geschichte der deutschen Sprache I, 526 ff.
Mogk: Deutsche Mythologie I, 1017 ff.
Wegener: Die Bearbeitung der lebenden Mundarten. I, 931 ff.

Jac. Grimm: Deutsche Grammatik. 4 Bände. 2. Aufl. 1822—1836.

Braune: Ahd. Grammatik. 2. Aufl. Halle 1891.

Weinhold: Mhd. Grammatik. Paderborn 1877. (Weinh., mhd. Gr. ¹).
2. Auflage 1883. (Weinh., mhd. Gr. ²).

Weinhold: Kleine mhd. Grammatik. 2. Aufl. 1889. (Kl. mhd. Gr. ²).

Paul: Mhd. Grammatik. 2. Aufl. 1884.

Heyne: As. und andfrk. Grammatik. Paderborn 1873.

Franck: Mndl. Grammatik. Leipzig 1883.

Gallee: As. Grammatik. Halle und Leiden 1891.

Stark: Kosenamen der Germanen. Wien 1868.

Vilmar: Deutsches Namenbüchlein. 3. Aufl. Frankfurt 1863.

Kluge: Nominale Stammbildungslehre der altgerm. Dialekte. Halle 1886. (Kluge, nom. Stbl.).

Weinhold: Ueber deutsche Dialektforschung. Wien 1853.

Weinhold: Alem. Grammatik. Berlin 1863.

Weinhold: Bair. Grammatik. Berlin 1867.

Kauffmann: Geschichte der schwäbischen Mundart. Strassburg 1890.

Wülcker: Betrachtungen auf dem Gebiete der Vocalschwächung im Mittelbinnendeutschen, besonders in Hessen und Thüringen. Frankfurt a. M. 1868. (Wülcker).

Heinzerling: Ueber den Vocalismus und Consonantismus der siegerländer Mundart. Marburg 1871. (Heinz.).

Schütz: Das siegerländer Sprachidiom. 2 Programme der Realschule zu Siegen. 1845 u. 1848. (Schütz I u. II).

Kehrein: Volkssprache und Volkssitte im Herzogtum Nassau. Weilburg 1860. (Kehr.).

Steub: Ueber deutsche und zunächst bayrische Familiennamen. Augsburg 1869.

III. Zeitschriften.

Paul und Braune: „Beiträge zur german. Philologie." (P. B. B.).

Behaghel: Pfeiffer's „Germania". 1856 ff.

Kuhn: „Zeitschrift für vergleichende Sprachforschung". Berlin 1852 ff.

Steinmeyer: Haupt's „Zeitschrift für deutsches Altertum". Berlin 1841 ff.

Frommann: „Die deutschen Mundarten." Vierteljahrschrift für Dichtung, Forschung und Kritik. 7 Bde. Nürnberg 1854 ff.

Correspondenzblatt des Vereins für nd. Sprachforschung. Hamburg 1877 ff.

IV. Schriften andern Inhalts.

Müllenhoff und Scherer: Denkmäler altdeutscher Poesie und Prosa aus dem 8. bis 12. Jahrhundert. 2. Aufl. 1873.

Hattemer: Denkmäler des Mittelalters. St. Gallen. 3 Bände. 1844 — 1849.

Jac. Grimm: Deutsche Mythologie. 2 Bände. 2. Aufl. Göttingen 1844.

Müllenhoff: Sagen, Märchen und Lieder der Herzogtümer Schleswig, Holstein und Lauenburg. Kiel 1845.

Philippi: Siegener Urkundenbuch. Siegen 1887. (sg. Urk).

Rümcher uss d'm Seejerland va 'n'm Seejerländer. 2. Aufl. Seeje 1882.

Drejaderspeelcher uss d'm Seejerland va 'n'm Seejerländer. Seeje 1887.

Achenbach: Der Kreis Siegen. Siegen 1865.

Manger: Die siegenschen Orte Wilnsdorf, Wilgersdorf und Rödgen in alter Zeit. Siegen 1865.

Cuno: Geschichte der Stadt Siegen. Dillenburg 1872.

Driessen: Leben des Fürsten Moritz von Nassau-Siegen. Berlin 1849.

Achenbach: Die Haubergsgenossenschaften des Siegerlands. Bonn 1863.

Freiherr von Dörnberg: Statistische Nachrichten aus dem Kreise Siegen. 1860—1865. Siegen 1865.

Druck von Ehrhardt Karras, Halle a. S.